中小企業を守る切り札！
実践例でわかる
スモールM&A
の進め方

公認会計士
岡田昌也［編著］

税理士法人TACT高井法博会計事務所 税理士
廣瀬良太［著］

株式会社日本M&Aセンター［協力］

ぎょうせい

はじめに

2020年8月に総務省が公表した人口動態調査によると、日本人人口が前年から50万人ほど減少したとのことである。最も県人口の少ないのが鳥取県の56万人であり、1年で鳥取県の人口のほぼすべてが減少したことになる。しかし、その問題の本質は、今後もその減少人数が増え続けることにあり、当面の間、対策が打てないことにある。つまり、現時点で子供の数が少ないことが確定しているため、目先の20年は人口が減少していくことが確定しているという事実が問題なのである。

この問題は、1990年以降の政府の無為無策によるものではあるが、この人口減少という問題が経済にどのような影響を与えるかは、実際に経験してみないと分からなかったともいえる。2000年以降は世界的なグローバリゼーションの影響により、大企業及び中堅企業が海外への進出を加速し、無限とも思われた経済市場と労働力により、業績は向上し続け、企業規模も拡大していった。その恩恵を受け、日本企業のサプライチェーンを支えている地元企業の中小零細企業も好業績を維持してきたが、ここにきてこの人口減少という壁にぶち当たってしまっている。

人口減少問題が中小零細企業に与える影響は様々なものがあるが、それらは最終的には後継者問題に深刻な影響を与えている。代表的なものとして国内市場の縮小、若手従業員の不足が言われるが、このような深刻な状況のなかで、後継候補者が事業を承継する決断をすることは難しくなってしまっている。そもそも少子化により後継候補者がいないケースも多い。

このような状況であり、中小企業の事業承継問題は日本経済にとって極めて重要な課題になっている。政府においてもいくつかの対策を打ち出してはいるが、いずれも中途半端であり、抜本的な対応策が打ち出されない中で、現在増えつつあるのがM＆Aによる事業承継である。

M＆Aと聞けば、一般的には大企業同士の合併などを想像するかもし

れないが、中小企業によるM＆A、つまり「スモールM＆A」が増えつつあり、有効な事業承継の対策になってきている。中小企業の事業承継においては親族内承継がうまくできれば一番良いが、従業員や地域経済、日本経済のためを考えれば、親族以外への承継のほうがよい場合もあり、そのためにはM＆Aを利用することが一番良いように思われる。うまく事業を承継することができれば、親族、従業員、取引先など、関係者全員が幸せになれることが多い。

　そこで本書は、「スモールM＆A」に焦点を絞って、M＆A初心者である中小企業の経営者も理解できるように平易に解説することを試みた。例えばM＆Aの進め方について、実際に行われている事例を踏まえて、中小企業向けに限定して解説している。一般的には難解だと思われている法律・会計・税務についても、必要最低限の情報だけを選び、スモールM＆Aに必要な事項だけを解説している。また、M＆Aで一番問題となる買収価格の算定方法についても、スモールM＆A特有の方法に焦点を絞って解説した。さらに、実際のスモールM＆Aはどのように始まり、どのように終わるのかを、生の事例をもとに紹介している。

　本書が、スモールM＆Aを経験するであろう中小企業の経営者にとって少しでも役立つことがあれば、筆者としては幸いである。

　なお、本書の事例紹介や各種データ、事業価値評価方法など、様々な情報やノウハウの一部を㈱日本M＆Aセンターに提供していただいた。㈱日本M＆Aセンターの協力がなければ、本書を書き上げることはできなかったであろう。また、公認会計士・鈴木義行氏には、全体の構想から内容確認まで多岐にわたりアドバイスいただき、岡田敦子氏には推敲でサポートいただいた。改めて関係者各位に深く感謝申し上げる。

　最後に、本書の刊行に当たっては、㈱ぎょうせいに企画段階から大変お世話になった。ここに心から感謝申し上げたい。

　　令和2年8月

　　　　　　　　　　　　　　　　　公認会計士　岡田　昌也

第1章

中小企業のＭ＆Ａの状況

1. 国内M＆A件数

(1) スモールM＆Aの増加

　図表1－1は、中小企業白書で公表されているものであるが、中小企業のM＆Aの実施状況について企業規模別にデータを集計したものである。

　2006年の数値を100として2015年までの推移を示したものであるが、スタート年度になっている2006年は図表1－2でも示されているように、リーマンショックで落ち込む前のピーク年度である。M＆A件数は2006年を境にして急激に落ち込んでいるが、その落ち込みの要因は大企業によるM＆Aの減少によるものであることがわかる。中小企業によるM＆Aは、2010年に若干100を切っているが、東日本大震災が発生した2011年度でさえも増加しており、一貫して右肩上がりとなっている。

　M＆Aが日本国内で普及し始めたのが2000年前後であり、2001年にM＆Aに関する税制が整備されたことを踏まえれば、この20年間でM＆A件数が大きく増加したのは大企業ではなく中小企業であることがわかる

● 【図表1－1】買収主体の企業規模別の会社数の推移

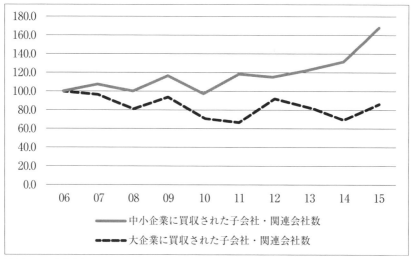

（出所：中小企業白書2018）

であろう。中小企業の経営者の中には、M&Aを自分とは遠い存在のものだと認識している方がまだ大勢いるが、データが示す通り、表には出ないところで中小企業によるM&Aが増加しているのである。

M&Aには複雑な法律や実務面での煩雑な手順があるが、中小企業のM&Aにおいてはそれらすべてを網羅する必要はない。本書では中小企業に的を絞った"スモールM&A"特有の論点について解説する。

(2) 過去推移

図表1－2は日本企業を当事者とするM&A件数と10年国債の利回りの推移である。この件数をみると東日本大震災が起こった2011年を底として右肩あがりで伸びている。

では、景気改善によってM&Aが活発化したのだろうか。アベノミクスにより経済指標は良くなったが、実際の生活感覚として景気が良くなったと感じている人は少ないように思われる。図表1－2を見ると日本企業を当事者とするM&A件数が伸びているのは、ゼロ金利政策と無縁ではないことがわかる。つまり、優良会社には銀行が1％を下回る利

● 【図表1－2】日本企業を当事者とするM&A件数と10年国債の利回りの推移

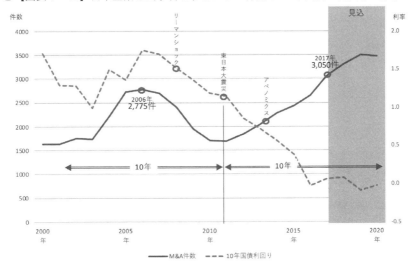

（出所：レコフM&Aデータベースを元に㈱日本M&Aセンターが作成）
（注）"見込"は㈱日本M&Aセンターの独自試算

息で融資してくれるため、企業には資金がだぶついており、他社を買収する余力が出てくる。2020年３月に発生した新型コロナウィルスの影響により買収意欲は一時的には低下するだろうが、資金供給は政府が支援しており、優良会社には引き続き資金が集まる傾向が強まると思われる。このため、コロナ禍により好条件の売り物件が増えてしまい、一層Ｍ＆Ａが増える可能性もある。

(3) エリア別件数

　図表１－３は全国を６エリアに分けた、エリア別のＭ＆Ａ分布状況である。

　北海道・東北、中国・四国以外でＭ＆Ａ件数は増加しており、特に増加件数のほとんどは関東・甲信越エリアである。また、関東・関西・中

◉【図表１－３】エリア別のＭ＆Ａ分布状況

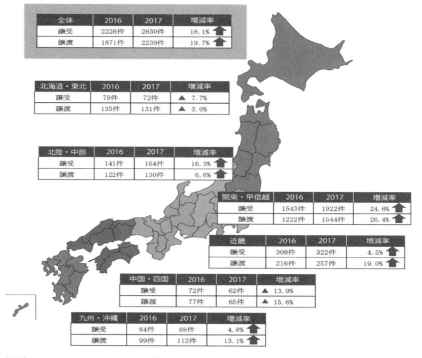

全体	2016	2017	増減率
譲受	2226件	2630件	18.1% ⬆
譲渡	1871件	2239件	19.7% ⬆

北海道・東北	2016	2017	増減率
譲受	78件	72件	▲ 7.7%
譲渡	135件	131件	▲ 3.0%

北陸・中部	2016	2017	増減率
譲受	141件	164件	16.3% ⬆
譲渡	122件	130件	6.6% ⬆

関東・甲信越	2016	2017	増減率
譲受	1543件	1922件	24.6% ⬆
譲渡	1222件	1544件	26.4% ⬆

近畿	2016	2017	増減率
譲受	308件	322件	4.5% ⬆
譲渡	216件	257件	19.0% ⬆

中国・四国	2016	2017	増減率
譲受	72件	62件	▲ 13.9%
譲渡	77件	65件	▲ 15.6%

九州・沖縄	2016	2017	増減率
譲受	84件	88件	4.8% ⬆
譲渡	99件	112件	13.1% ⬆

（出所：MARR　Online 2018/02/01〔Ｍ＆Ａスクランブル〕より、資料を元に再加工）

部エリアは、譲受（買収側）のほうが譲渡（売却側）よりも件数が多く、地域格差が大きくなっているのがわかる。

　一方で、売却側よりも買収側の増加率が上昇したエリアは北陸・中部エリアだけである。製造業が中心の当エリアは比較的、業績が好調の会社が多く、後継者が事業を承継しやすい環境にあり、そういった会社が事業規模拡大のため買収側として存在感を示しているものと思われる。

(4) M&A市場活況の要因

　調達資金の金利が低いとはいえ、これほどM&A市場が活況な理由は下記のような要因があると思われる。

要因：譲渡企業側（売手）	要因：譲受企業側（買手）
・経営者の高齢化と後継者難 ・相続税負担への対応 ・業界の先行き不安 ・変化のスピードの必要性 ・譲渡企業のM&Aに対する抵抗感の希薄化	・旺盛な事業強化・拡大ニーズ ・良好な資金調達環境 ・譲渡企業の多様化（ファンドなど） ・上場企業による投資ニーズの高まり

　特に売手側の「経営者の高齢化と後継者不在」が最大の要因である。M&Aのマッチングにおいて、売手と買手のどちらが候補企業を探しにくいかというと、圧倒的に売手であり、売手が希望する条件を受け入れてくれる買手を探すことは非常に難しい。買収意欲のある買手企業は当然業績がよい資金力のある会社である。一方で、売手希望の企業の大半は、一昔前は業績が悪化した状態に陥っている場合が多かった。しかしながら、昨今では、業績が良いにも関わらず経営者の高齢化とともに後継者問題が浮上し、そこで売手企業としてM&A市場に出てきているのが大きな特徴である。

　M&Aに対する抵抗感がなくなってきていることも要因ではあろうが、それなりの規模の会社を事業承継する場合に、後継者候補の子供等の親族がいない状態ではM&A以外に選択肢がないというのが現実でもある。致し方なくM&Aで株を売却する経営者もいるが、実際にやって

みると、以下のようなメリットを感じることが多いはずである。

●事業の存続
●社名の存続
●創業者利潤の確保
●借入金の個人保証のプレッシャーからの解放
●結果への納得

　特に、借入金の個人保証から外れることができるというのは、言葉では表現できないほどの安堵感を得ることができるようである。これは、実際に数億円の個人保証をした人でないと分からないようだが、事業承継するというのは子息にもその個人保証を引き継がせることでもあり、事業承継するときに直面する大きな障壁の一つでもある。また、この個人保証の問題は、従業員に事業承継をさせることが難しい理由の一つでもある。

(5) 後継者不在問題

　筆者自身も親が自営業者であり、友人知人にも自営業者の子息は多い。もちろん仕事関係では自営業者ばかりでもあり、後継者問題が深刻であることは身に染みてわかっているつもりである。
　まず、全国的な後継者不在率を見てみると図表1−4のようになっている。

● 【図表1−4】全国的な後継者不在率　　　　　　　　　　　　（単位：％）

経営者の年齢	2011年	2014年	2016年	2017年	2018年	2019年
50代	72.9	74.3	75.7	74.8	74.8	71.6
60代	54.5	53.9	54.3	53.1	52.3	49.5
70代	42.7	42.6	43.3	42.3	42.0	39.9
80代以上	34.1	34.2	34.7	34.2	33.2	31.8
全国平均	65.9	65.4	66.1	66.5	66.4	65.2

（出所：㈱帝国データバンク「特別企画：全国・後継者不在企業動向調査（2019年）」）

　経営者として実力及び実績も付いてくる50代及び60代では、半数以上が経営者不在と答えている。つまり、子供を中心とした親族の中には後継者がいない（引き継がせるつもりはない）ということである。60歳という区切りで後継者問題を真剣に考える経営者は多いが、そこで現実的に後継者がいないことを自覚し、親族以外の後継者を真剣に検討するケースが散見される。

　図表1－5は、2017年以降の実際の事業承継での先代経営者との関係性である。2019年においても同族承継はトップではあるが年々低下している。その代替として、内部昇格及び外部招聘が上昇しており、2019年においては同族承継と内部昇格がほぼ同じ割合になっている。数年内には、内部昇格のほうが同族承継よりも割合が多くなることが予想され、今後は事業承継イコール相続という構図にはならないものと思われる。

● 【図表1－5】事業承継における先代経営者との関係性

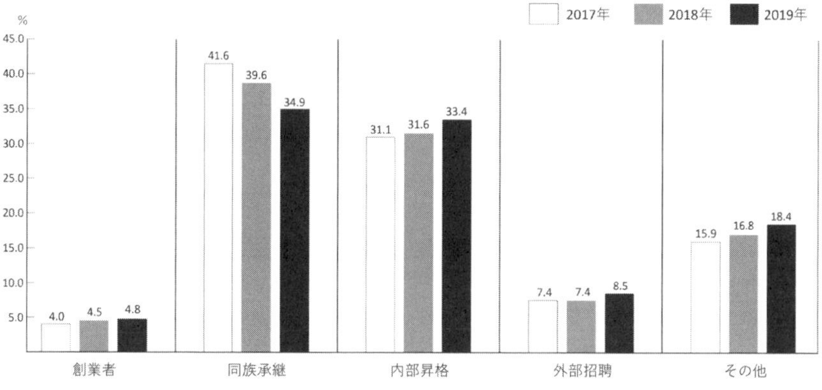

（出所：㈱帝国データバンク「特別企画：全国・後継者不在企業動向調査（2019年）」）

　後継者を決定した理由又は決定に至らない理由に関してのアンケート結果がある。親族内と親族外と区分されているため、親族に事業承継する際には参考にしていただきたい。つまり、親族外の人物には、経営者として必要な条件を求めるが、親族（特に子供）にはあまり厳しく求めないことが多いであろうから、改めて確認してもらいたい。次頁の表の「後継者を決定した理由」の上位3項目については、親族外の人物には

それらを求める一方で、親族に対してはその優先順位が低くなっている。特に"取引先からの信頼"については第7位まで落ちている。それが果たして会社にとって良いことかどうかは再考する必要がある。一方で、「後継者決定に至らない理由」の親族内に対するものとして、"候補者がまだ若い"と"候補者の能力がまだ不十分"が上位2項目となっている。若いことと能力がないこととはイコールではないが、概してベテラン経営者から見るとイコールと見てしまうところがある。自分とは違う発想をする若者を排除してしまうのは古今東西を問わないため、甘やかせばいいわけではないが、後継者候補を潰さないように育成していくことは重要である。

【後継者を決定した理由】 (単位：%)

	親族外	親族内
能力が優れていた	49.3 ①	20.4 ⑤
役員・従業員からの信頼	44.4 ②	23.5 ④
取引先からの信頼	36.3 ③	15.7
後継者の引継ぎ意思があった	34.9 ④	52.1 ①
経営の方針が同じ	27.1 ⑤	13.0
株主からの了承	19.6	11.2
後継者が適齢になった	14.1	30.1 ②
経営者の高齢や病気	11.2	8.2
経営者または後継者の親族からの了承	8.4	25.2 ③
株式や事業用資産の引継ぎが容易	6.6	18.6
金融機関からの信頼	6.6	7.8
外部からの助言や要請	3.7	3.2

【後継者決定に至らない理由】 (単位：%)

	親族外	親族内
候補者の能力がまだ不十分	46.2 ①	50.1 ②
候補者の了承がない	29.2 ②	25.2 ③
候補者がまだ若い	23.4 ③	53.5 ①
候補者が複数いて絞り切れていない	22.4 ④	11.6 ⑤
役員・従業員からの信頼が不十分	20.4 ⑤	17.7 ④

株主からの了承がない	8.8	1.5
株式や事業用資産の引き継ぎが困難	7.8	3.9
金融機関からの信頼が不十分	7.5	6.9
取引先からの信頼が不十分	6.3	6.4
経営者または候補者の親族からの了承がない	1.2	2.3

（出所：中小企業庁委託「企業経営の継続に関するアンケート調査」2016年11月㈱東京商工リサーチ）
（注）複数回答のため、合計は必ずしも100%にはならない。

　なお、上記は幸運にも事業承継ができた事例であり、残念ながら事業承継が出来なかった場合には廃業・解散となる。図表1－6は過去7年間の動向であるが、倒産件数自体は減少傾向にある一方で、倒産件数の5倍以上の企業が休廃業及び解散をしているという実態がある。必ずしも後継者不在が理由で休廃業及び解散をしているわけではないが、うち何割かは後継者さえいれば存続していただろうことを考えると、後継者育成がいかに大事であるかは分かっていただけるであろう。

●【図表1－6】過去7年間の廃業・解散の動向

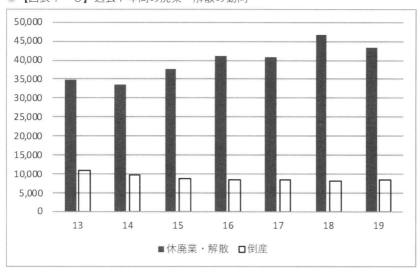

（出所：㈱東京商工リサーチ「2019年「休廃業・解散企業」動向調査」）

　ちなみに、事業承継を困難にしている根本的な要因の一つに、人口減

少及び高齢化問題がある。この問題は国家として取り組むものであるため本書において取り扱うようなものではないが、人口減少と経済縮小は密接な関係があり、国内市場が縮小することによる売上の減少はまだしも、事業を拡大したくてもそれを支える従業員が採用できないという切実な問題に直面している。

　図表１－７は2015年の実際の人口統計をもとにした将来の人口予想である。15~64歳の生産年齢人口の割合が50年後には9.4ポイント減少する一方で、高齢化率は11.7ポイント増加する。これはほぼ確実な未来である。現時点でさえ中小企業は人材難であるのに、今後それが改善される見込みはなく、さらに悪化していくことがほぼ確実であり、一族経営のまま中小企業として生き残るのは、従業員確保の面からも非常に難しい状況である。

● 【図表１－７】人口推移予想

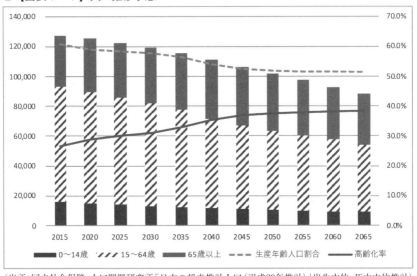

（出所：国立社会保障・人口問題研究所「日本の将来推計人口（平成29年推計）」出生中位・死亡中位推計）

(6) マッチングさせやすい企業とは

　Ｍ＆Ａによる事業承継は、その一面として自分の会社を売却することであるため、買手から見て、"お得なお買い得品"でないと売却できな

い。つまり、売りやすい会社とそうでない会社があり、マッチングできるかどうかに大きく影響する。経営者が長年心血を注いで育ててきた会社をモノのように扱うのは本意ではないが、いざM＆Aという状況になると、買手から見れば投資対象としてのモノという側面もあるため致し方ない。

　過去の実例を振り返ってみると、以下のような会社はマッチングがしやすかったように感じる。

事業（モノ）		経営（ヒト・組織）		財務（カネ）	
事業内容	再編段階の業種は売れやすい（相手を探しやすい）	組織力	社長がいなくても現場・業務は回る	利益	利益が出ている
地域	都市圏の方が売れやすい（相手が見つかりやすい）	資料管理	就業規則等の社内資料がしっかりとしている	借入金	借入金が重くない
取引	優良な取引先・販路がある	社長	社長だけしか知らない技術や取引先人脈といった偏りがない	税金対策	過度な節税・税金対策をしていない
強み	他社にない特長がある	社員	残業代などの労務問題がない	簿外債務	連帯保証を含めて、決算書に載っていない負債はない

①事業（モノ）

　図表1－8は主な業界のライフサイクルである。どの業界にもライフサイクルはあり、M＆Aで人気のある業界とそうでない業界がある。業績としては優良企業であっても衰退産業に属していてはM＆Aでマッチングさせることは難しい。なぜなら買手がいないからである。衰退産業では、優良企業を買うことができるくらいの資金力も持っている同業他社は少ない。また衰退産業の企業をわざわざ買おうとする他業種の会社

も少ない。成長局面の業界に属していれば、多少業績が悪くても買手候補が多いため、値段が付きやすくマッチングしやすいが、そうでないと買手は限定されてしまい、仮にマッチングできても売買値段は低くなる。

　所在地も重要である。買手も中小企業であることが多いため、遠隔地の会社を買うことができない。なぜなら買収しても管理できないし、自社との相乗効果も期待できないからである。もちろん、地方に所在する会社数がそもそも少ないことも理由である。

● 【図表1－8】主な業界のライフサイクル

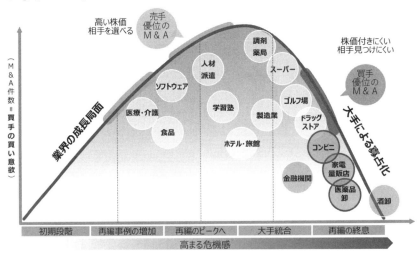

（出所：㈱日本M＆Aセンター作成）

②経営（ヒト・組織）

　ここで重要なのは、会社における社長の立ち位置である。買主は「会社」がほしいのであって「社長」がほしいわけではない。社長が優秀で勤勉であればあるほど、会社の基幹業務がすべて社長抜きでは成り立たない状況になっているケースが多い。中小企業のM＆Aでは、基本的に社長は引退する前提で取引するため、社長がいなくなっても会社は今まで通り機能するようでなくては売れない。そのためにも、M＆Aを意識するのであれば、少し寂しいかもしれないが、自分がいなくても会社が

回っていくような組織にしていかなくてはならない。そして、最後に完全引退するときには、従業員に喜ばれて去っていく覚悟が必要である。

③財務（カネ）

　よほどの成長産業であれば別だが、通常は利益が出ている会社でないと買手は付かない。最近では、人材不足の世の中を反映して、会社を買うというよりは、従業員を獲得するという理由で買収するケースも出てきているが、そうはいっても借金過多ではM&Aは成立しない。

　ある程度、業績が良いということは最低限の条件だが、もう一つ重要なのは、きれいな決算書であることである。きれいな決算書というのは、粉飾をしていない、隠れ債務がない、不良資産がない、ということである。会社の決算書は成績表であるため、成績表自体が汚れていては、買手は買う気がなくなってしまう。M&Aが途中で破談する理由にも、隠れ債務や不良資産等が発覚したというものが多く、お互いの信頼関係を構築するためには決算書が身綺麗でないといけない。

④タイミング（＋無欲）

　利益が出て借入金も重くはない優良企業であれば売れやすいに決まっているが、とはいっても実際に売却できるかどうかは別である。売りやすい企業でも、価格が高すぎては誰も買ってはくれないため、適正な価格でないと売却は難しい。さらに、タイミングが非常に重要である。売りたくないときが売り時であり、売りたい時は売れない時であることを十分に認識し、経験豊富なアドバイザーの意見を真摯に受け止めてM&Aを進める必要がある。

(7) M&Aに関する誤解

　事業承継を考える際に同時にM&Aも検討することはまだ少ない。その理由はいろいろあるが、そもそもM&Aに対して誤解していることが多いようである。

〔誤解１〕うちには関係ない

　まず一番大きい誤解は、Ｍ＆Ａというのは外資系ファンドや大企業同士がやっているようなものであり、中小企業には関係のない世界の話だと思い込んでいることである。Ｍ＆Ａ用語にはアルファベットやカタカナが多いためなのかもしれないが、Ｍ＆Ａで会社を買うのと、通常の設備購入や人材採用とでそれほど大きな違いはない。設備と人材を同時に取得するのがＭ＆Ａであり、その分、取得金額が高くなるだけである（場合によっては逆に格安で購入できる）。

　下記は、2017年の日本企業同士のＭ＆Ａ、及び日本企業による外国企業へのＭ＆Ａ件数の内訳である。非上場イコール中小企業というわけでもないが、非上場企業同士のＭ＆Ａは実際には半分しかなく、それ以外の45％は中小企業と上場企業とのＭ＆Ａである。上場会社のほうが当然資金余力はあるため、買手側になることがほとんどではあるが、Ｍ＆Ａは決して中小企業に関係がないということはない。

		譲受企業のタイプ	
		上　場	非上場
譲渡企業のタイプ	上場	137件 （5％）	173件 （6％）
	非上場	1,120件 （39％）	1,416件 （50％）

（出所：レコフＭ＆Ａデータベースを元に㈱日本Ｍ＆Ａセンター作成）

〔誤解２〕会社が消えてなくなる

　Ｍ＆Ａと聞くと、会社を売り払うことであり、会社名は消えて、本社は移転し、従業員はリストラかそうでなければ引越しをすることになる、というような会社自体が消えてなくなるような理解をしている経営者もいるが、Ｍ＆Ａは合併を意味するわけではない。中小企業のＭ＆Ａで合併を選択するケースは稀であり、ほとんどのケースでは、会社はそのままの状態で存続させることになる。

　実際には自分がその状況にならないと理解は難しいのかもしれない

が、経営権と従業員の関係は以下のようになる。

（従　来）「オーナー　＝　経営者　　　　➡　従業員」

（買収後）「買主　　➡　従業員経営者　➡　従業員」

　従来はオーナーと経営者が同一人物であるため、会社は経営者と一心同体のように錯覚してしまうが、本来は株式会社という制度ではオーナーと経営者は別のはずである。M&Aによってオーナーが変わることにより、本来の会社の姿に戻り、会社の所有と経営が分離することになる。そこが分離するだけであるため、社名も所在地も取引先も、もちろん従業員も原則変わることはなく、外部から見ると、M&Aを実施したとしてもそれに気づく人はほとんどいない。

〔誤解３〕業績悪化か

　M&Aで会社を手放した、となると業績悪化が原因で売るしかなかったかのようなマイナスのイメージを持っている経営者は多い。しかし、M&Aで会社を売ることができるというのは、買手が付く業績の良い会社であるという証拠でもあり、従業員にとっては誇らしいことでもある。

　買主企業にとっても、業績が良い会社であるからこそ資金を投下して買収するのであり、M&Aは企業再生ではなく、企業発展のための再スタートである。つまり中小企業のM&Aというのは、売手と買手の双方にとって、今後の売上や利益の拡大が期待できる喜ばしい出来事なのである。

　なお、近年では特にIT系企業において、早い段階で株式を売却するオーナー経営者が増えている。業績悪化どころか今後の成長がほぼ確実視されている段階で売却し、多額の売却資金を得て、また次の新しい事業に投資している。こういった事例が増えていることもあり、先述した会社を売り飛ばしたというようなマイナスのイメージを持つ人は徐々に少なくなってきていると感じる。このIT系企業のオーナーの場合は、自分は事業の創造に興味があり才能があると分かっており、ある程度の規模になることが分かった段階で、それを得意としている人又は会社に任せることで、その事業がさらに伸びると見込んだため売却するのであり、そこにマイナスのイメージは全くない。

【コラム】やはり子供には帝王学を!?

　昔は、自営業者の子供は家を継ぐものという暗黙の了解があったようだが、それは他に働き口がそれほどないという事情もあったと思う。もちろん、先祖代々の伝統と資産を受け継ぐという重要な役割はあるが、資産を受け継ぐだけであれば経営を引き継ぐ必要まではない。

　現代では、私が知っている周りの経営者だけでも、子供を縛りたくない、自由にさせたいという理由で、事業を引き継がなくても別に良い、ということを子供に明言している人が多い。確かに、中小企業の経営は難しく、いい時もあれば悪い時もあり、資金繰りに窮したときのストレスは並大抵のものではなく、それを経験した親からすると、良い学校に行って優良企業のサラリーマンになってもらったほうが、親としては随分と気が楽になるだろう。

　しかし、"引き継がなくても良い"ということは"引き継いでも良い"ということであり、その中途半端なところに子供は甘えてしまう。最後は自分の実家を継げばよい、というような甘い考えで学生生活や社会人生活をした人物が、いきなり経営を引き継げるかというと、それほど甘いものではないであろう。株券と肩書を引き継ぐだけであれば簡単に出来るが、会社を存続させるためには経営という重い責務も引き継いで会社を維持発展させなくてはならないため、やはり子供には帝王学を学ばせる必要があると思うが、どうだろうか（言うのは簡単だが……）。

第2章

中小企業におけるＭ＆Ａの意義

1. 事業承継における一般的な課題

(1) 事業承継の選択肢

　会社の事業承継の選択肢は、それほど多いわけではなく、概ね下記のとおりである。

◉【図表2−1】会社の事業承継の選択肢

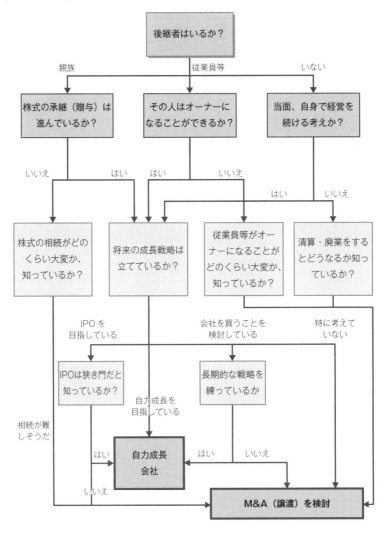

　上記図表２－１のとおり、事業を承継する人物は、親族か従業員か第三者の３択であり、承継する人がいなければ清算・廃業となる。つまり、事業承継は四つの方法があることになる。その四つの方法のメリットとデメリットを表にすると下記のようになる。

項目＼方法	親　族	従業員	第三者（M＆A）	清　算廃　業
従業員の雇用	○	○	○	×
関係者の納得	◎	◎	○	×
確実性	△	△	△	○
金融機関借入の連帯保証	△	▲	○	△
株式の引継ぎ	△	▲	◎	△
会社の成長	○	◎	◎	×

(注)◎：できる　○：できやすい　△：難しい　▲：非常に難しい　×：できない

①親族承継について

　親族承継の最大のメリットは、自身も含めた関係者全員の納得である。しかし、逆に言えば関係者全員が納得するような後継者であるかどうかが最大の難問となる。創業者の次を担うのは、実力的にも心理的にも非常に難しい。創業者の精神力というのは、勉強して身につくものではなく、創業者がゼロから作り上げるのと、承継者がしっかりした土台があるのを引き継ぐのとでは雲泥の差がある。創業者でなくても、前経営者が優秀であればあるほど次を受け継ぐのはプレッシャーであり、受け継いだ途端に業績が下がると周りから批判を受けてしまう。それだからこそ、経営者の最大の責務は後継者を育成することなのである。全員が納得するような後継者さえ育成できていれば、残りの課題、つまり相続税等の金銭的なものは、会社の業績さえ順調であれば何とか解決することはできる。

【コラム】事業承継のタイミング

　世間も認める優良企業を一代で興した創業者というのは、仕事一筋の人が多く、それはすなわち家庭を犠牲にしてきたとも言える（もちろん、そうではない創業者もおられる）。

　子供に事業を承継してもらうためには、会社のことを理解してもらうことはもちろんだが、経営理念を共有してもらわないといけない。経営理念は親の考え方そのものであり、子供が事業承継するのであれば、結局は自分の親を肯定し、全面的に受け入れる必要がある。しかしながら、仕事一筋に生きてきた親を、素直に受け入れることができるかどうかは、子供の立場としては微妙なところであり、頭では分かってはいても心理的に受け入れられないということもよくある（もちろん、親に反発するのを原動力として事業を拡大していった後継者もおられる）。

　何をもって"立派な後継者"と言うかはわからないが、親族承継で何代にもわたって大きな会社を永続させるというのは、まさに至難の業である。

　ちなみに、業績が良い時に引き継ぐのか、逆に業績が悪い時に引き継がせたほうが気楽なのかは難しい判断である。コロナ禍の真っ最中に子供に事業承継した会社もあるが、思い切った立派な判断だと感じた。事業承継するタイミングというのは難しい。

②従業員承継について

　従業員承継の最大のメリットは、従業員及び取引先の納得である。前経営者の経営方針をそのまま引き継ぐことができるし、実力も経験もあるため、皆が安心できる。その従業員に才覚があれば、引き継ぐだけでなく自力で事業を拡大できるし、そこからM＆Aを画策することも可能である。子供に経営力を期待するのはある意味賭けのようなものだが、従業員であれば長年一緒に仕事をしてきた中で経営能力があるかどうかは把握できているだろう。その点では、親族承継よりも従業員承継のほ

うが確実であるとも思われる。

　しかし、最大の難関は金銭問題である。経営権を握るためには、人事権を握る必要があり、人事権は株式保有から生まれる。そのため、経営権を握るためには株式取得は避けて通れず、株式購入資金が用意できずに従業員承継が成り立たない、というのがよくある結末となる。金融機関からの借入の連帯保証人の問題も解決できないことが多い。普通のサラリーマンだった人が、いきなり数億円の連帯保証人になれる勇気があるかどうかは、その場になってみないとわからない。これらの金銭面の課題を解決できない場合には、創業家はオーナーとして経営には口を出さない象徴的存在の会長として残り（借入の連帯保証人も続ける）、経営は従業員から社長を抜擢すると割り切って承継すれば、従業員承継はうまくいくこともある。

③第三者承継について

　第三者承継(主としてM＆A)による事業承継であるが、その最大のメリットは株式の引継ぎによる金銭問題の解決と承継後の会社の成長である。

　まず、金銭問題についてだが、親族への株式承継は贈与・相続であり、株式の異動による前経営者へのキャッシュ・インはゼロである。さらに承継者は多額の贈与税・相続税を支払う必要があり、株式承継だけであればキャッシュ・インはゼロで、多額のキャッシュ・アウトだけが発生する。また、従業員への株式承継は時価譲渡とはいえ、従業員には資金力がないためそれほど高い金額で取得させるわけにはいかない。

　しかしながら、第三者、特にM＆Aによる優良企業への売却となると、資金力もあり、さらに事業価値を認めて買収してくれるため、それなりの金額提示をしても受け入れてくれる可能性が高くなる。このように、3択の中では最も多額のキャッシュ・インが見込める。

　次に、会社の成長についてだが、単独での自力成長ではなくなるが、逆に今までは出来なかった相乗効果を得ながら、さらに買主企業のノウハウ等も借りて成長できるため、3択の中では最も高い成長が見込めるとも言える。会社が成長すれば、従業員・地域経済・取引先も潤うことができる。

一方で、第三者承継の最大の難問は、時間・確実性が読めないことである。M＆Aでは、相手を探すのが最も困難であり、場合によっては何年もの時間を要することもあるし、何年か待ったが結局は相手が出てこなかったということもある。このため、3択の中では最も長期的戦略の検討が必要な手法である。しかし、それさえ解決できれば、関係者全員が満足できる結果となることが多い。

　図表2－2は、現経営者の在任期間と先代経営者との関係であり、何年前に誰から引き継いだのかを示したグラフである。30年以上前までは9割以上が親族内での事業承継だったが、徐々に割合が減ってきており、特にこの10年では急減している。直近10年といえば、団塊の世代が引退し始めた時期であり、その世代が事業承継で悩んでいたことが推測できる。

　最初に割合が大きくなったのは、従業員承継である。優良企業には、ほとんどのケースで社長の右腕（金庫番）と言われる従業員がいる。年齢としては社長よりも10歳程度下の人が多く、その人がワンポイントリリーフで経営を引き継いでいる会社も多い。しかしながら、年齢は社長と大きくは離れておらず、すぐに次の事業承継者が必要となり、万策尽きて第三者に株式譲渡している事例も散見される。

● 【図表2－2】経営者の在任期間別の現経営者と先代経営者の関係

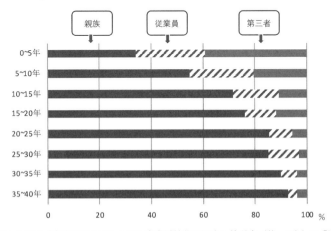

（出所：中小企業庁「事業承継を中心とする事業活性化に関する検討会（第一回）」の「資料3　事業承継に関する現状と課題」）

(2) 後継者育成

　後継者に求められる資質は経営力であり、経営するための営業力、管理力、技術力も求められる。大企業であれば、それぞれのエキスパートが社内にいるだろうが、中小企業ではそうはいかず、経営者がすべての部門のトップでなくてはならないことが多い。

　このため、これらの知識・経験を得るために長い年月が必要になるが、後継者の育成にはどのくらいの年月を要するのだろうか。図表2－3は、後継者の育成は事業承継予定時期の何年前から始めたほうがよいのかについてのアンケート結果である。

◉【図表2－3】後継者の育成の始める時期についてのアンケート結果

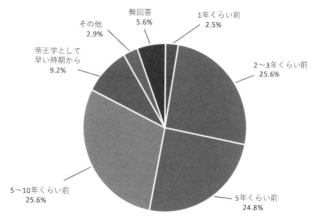

（出所：中小企業庁「事業承継を中心とする事業活性化に関する検討会（第一回）」の「資料3　事業承継に関する現状と課題」）

　さらに、後継者に求められる資質・能力についてもアンケートが取られており、図表2－4がその結果である（特に重要と思われるものを3つまで選んでもらった結果）。

　後継者育成に要する年月については、従業員としての年月は含まれていないと思われるが、図表2－4のような資質・能力を数年で身につけるのは難しい。やはり10年単位で経営の経験を積ませて、従業員や取引先等の関係者全員が納得する形で事業承継が行われるのが理想ではある。

● 【図表2－4】後継者に求められる資質・能力についてのアンケート結果

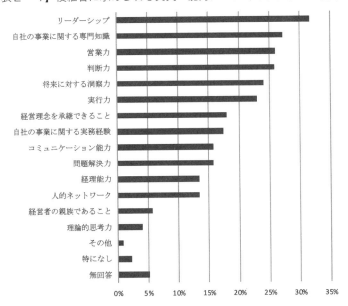

(出所：中小企業庁「事業承継を中心とする事業活性化に関する検討会（第一回）」の「資料３　事業承継に関する現状と課題」)

　一方で、事業を引き継いだ側の承継者へのアンケートの結果が図表２－５である。このアンケートでは、先代経営者から事業を引き継ぐにあたり苦労した点は何かを聞いたものである。

　一番苦労した点として挙げられているのは「経営力の発揮」、つまりリーダーシップや経営管理である。多くの場合、承継者は先代経営者が現役のときから一緒に働いていると思うが、先代経営者が現役のときには遠慮して意見が言えない場合が多く、幹部や従業員も先代経営者に目が向いていて、承継者にはあまり敬意を払わないこともある。そのような中で、一転して経営を引き継ぐとなると、幹部や従業員も気持ちの切り替えが難しい。もちろん、取引先も金融機関も同じことが言える。経営は一人ではできないため、幹部や従業員の支持・協力はもちろん、外部の取引先や金融機関の支持・協力も必要であり、それらはすべて「経営力の発揮」に包含されてもいるだろうし、アンケート結果においてはそれとは別で個別に項目として上位に挙がってきていると思われる。

　それらの問題に比べると、株式買取や相続・贈与税の問題は、大変ではあるが金銭で解決できるものであり、事前に対策さえ出来ていれば何とかなるため、アンケート結果では下位になっているようである。

　外部関係者及び内部関係者からの信頼は、数年で得られるものでもなく、いかに次の後継者にスムーズに事業承継をするかを長期の視点で考え、計画的に承継をしていかなくてはならない。

●【図表2−5】事業を引き継いだ承継者へのアンケート結果

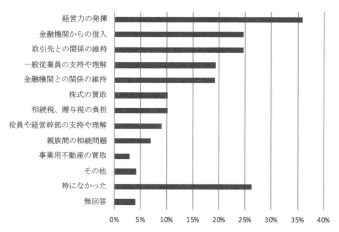

（出所：中小企業庁「事業承継を中心とする事業活性化に関する検討会（第一回）」の「資料3　事業承継に関する現状と課題」）

(3) 事業承継型M＆Aとは

　図表2−2のように、近年では親族承継が大きく減少し、第三者（主としてM＆A）による事業承継が増えている。中小企業におけるM＆Aは、上場会社のような業界再編成とか株式争奪戦とかではなく、大半が事業承継のためのM＆Aである（以下、「事業承継型M＆A」という）。近年、事業承継型M＆Aが増加している背景は下記の理由からである。

事業承継の要素		これまで	これから
事業		• 経済成長と人口増加の恩恵を受け、事業が順調に成長できた	• 生産性が高く、成長できる事業への転換が必須
財務		• 不動産担保余力に頼った財務戦略で足りた	• キャッシュ残高とキャッシュフローをベースとした財務体質が必要になった
人		• 比較的安定した経済下での経営能力で足りた • 継ぐ子どもが多くいた	• 時代の変化に対する能力が高い経営者が必要となった • 継ぐ子どもがいない
相続	円滑な承継	• 長男が家業を継ぐという暗黙の了解があった	• 子供は皆平等という価値観となった • 家業を継がないという選択に躊躇がなくなった
	納税	• 高い相続税負担	• ますます高くなる相続税の最高税率

経済成長	高度成長 → 低成長 → 産業構造の大変革
成長性	高い → 低い → 大廃業時代
人口	増加 → 少子高齢化 → 大相続時代

　上記のとおり、事業承継型M＆Aが増加している背景は、産業構造の大変革が一番の大きな理由だと思われる。人口減少や経済の低迷が理由でもあるが、それは日本の産業構造が高度成長期を経て成熟し飽和状態になった結果であって、人口減少や経済の低迷だけが理由で事業承継型M＆Aが増加しているわけではない。中小企業も、産業構造の大変革期に対応しなくてはならず、それは事業再編や統廃合といった大きな動きであり、それに対応するためには親族承継にこだわっているわけにはいかない。

２．事業承継の観点から～オーナー一族の幸せのため（売手にメリット：資金化できる）

(1) いかに納税資金を確保するか

　中小企業の事業承継において、親族承継として後継者候補が決まった後の最大の難関は、納税資金の確保である。特に、創業者の類まれな能力によって拡大した会社の株価は相当な価額となるが、その経営を引き継ぐことだけでも至難の業であるのに、さらにその相続税が重くのしかかる。この相続税を支払うために個人で借金をしたり、あるいは会社に株式を買い取らせて純資産を減らしたり、会社が借金をして財務体質を悪くしたりする。俗に、３代相続が続けば財産がなくなる、とも言われるが、相続税により事業承継が困難になっているのは事実である。国としても事業承継税制を制定して相続税・贈与税の猶予制度を用意はしているが、実際に適用する場面は限定されるのが現実である。

　多額の納税資金の確保のためには、長期的な対策ができる状況（後継者が早い段階から確定している場合）であれば方法はある。しかし、急な事情により数年内に相続又は贈与をしなくてはいけないとなると、基本的には自社株を資金化するしか手段がほぼない。

【納税資金確保のための主な手法】

	自分の会社から資金を徴収する方法			第三者から資金を徴収する方法
手法	株式売却		毎年の利益から徴収	M＆Aによる株式売却
	自己株式取得	自分の資産管理会社に売却	役員報酬、配当、不動産賃料	
資金調達方法	自己資金又は自社が借入	資産管理会社が借入	利益の範囲内であるため必要なし	【問題なし】
留意点	自社の財政状態が急激に悪化	資産管理会社の借入返済原資の確保が必要	超長期での対策が必要	

自分又は自社だけで資金化するとなると、少なからず会社の経営に影響を及ぼすことになる。借入れによる財務の悪化、支払利息の負担による利益減少、資産管理会社に支払う賃料等の負担増、役員報酬の増加、配当金負担などである。

　その点だけを比べれば、M＆Aによる第三者への株式売却は有効な手段である。その場合、自社株すべてを売却する必要はなく、例えば多角化した事業を取捨選別して、次世代経営者が担える事業以外を組織再編で分離し、分離したその事業だけをM＆Aで資金化することは非常に有効な手段である。

(2) 親族内承継とM＆Aによる承継との比較

　中小企業の多くは、現経営者自身が自分の親から引き継いだ会社であるため、自分の後継者も当然子供にしたいという思いは普通であり、可能であればそれが一番良い。仮に、自分の子供が引き継いだことによって一時的に事業が傾いたとしても、さらにその次の子供が引き継げば再興することもあり、それが歴史となって会社を永続させていくことが理想的でもある。

　しかし先述したとおり、子供が事業を引き継ぐのが当たり前の時代ではなくなり、さらに子供自身が引き継ぐ意思がないとなると、無理やり承継させるのは従業員も含めて全員が不幸になってしまう。そうであれば、M＆Aによる事業承継も視野に入れつつ、承継候補者である子供等とも真剣に話し合い、事業承継の選択肢の検討をすることが必要である。

【親族承継とM＆Aによる承継のメリット・デメリット】

親族内の事業承継	M＆Aによる事業承継
【メリット】 ・家業を一族で引き継げる。 ・自分が生きた証を子供に引き継いでもらえるという満足感が得られる。	【メリット】 ・現経営者の生前に資金化ができ、納税資金分も含めて、子供等に財産相続ができる。 ・譲渡所得になるため、相続税率と比較すると税率は低い。退職金も考慮

	すれば、結果として節税にもなる。 ・現経営者は資金と時間が得られる 　ため、余生を楽しむことができる。 ・相続人は納税資金に困らないし、株 　式を引き継ぐよりも経済的に潤う。
【デメリット】 ・自社株は価値はあるが資金化できない。 ・納税資金の確保が別途必要となる。 ・相続税率は高い。 ・親である現経営者は引退しても死ぬまで事業（子供）が心配になる。 ・現経営者は、引退する年齢が相当高齢になるだろうし、自社株は資金化できないため、優雅な余生を送ることが出来ないかもしれない。 ・相続人としては、株式を引き継いでも金銭的には何も得られない。	【デメリット】 ・家業を放棄することになる。 ・自分の血と汗と涙の結晶を、他人に奪われるという感覚に陥る。 ・周りの目が気になる。

　このように、親族内承継のメリットとデメリットを列挙すると、項目数としてはデメリットのほうが多い。しかし、金銭よりも精神的な満足を得ることを優先することは人間的であるし、ましてや、そもそもある程度金銭面は満足している経営者であれば、事業承継に際して金銭を欲することはあまりないのかもしれない。親族内承継は人間の本能でもあり、ましてや親子の事業承継は一番理想的である。理想的であるからこそ実現するのは困難であり、実現するためには早くから帝王学を学ばせ、さらに後継者指名もして経営者としての高い倫理観と見識を身に付けさせなければならない。それが出来ない、あるいは出来ないかもしれない、という状況になった場合には、会社のため、従業員のため、取引先のためにM&Aによる事業承継を早めに検討することも必要ではないかと思う。

３．事業拡大の観点から～従業員の幸せのため
　　（買手にもメリット：事業が拡大し経営が安定する）

　会社の成長には段階があり、今の日本経済は創業者及び２代目によって従来型の業界は成熟段階に至っている。今後は、人口減少や高齢化社会、消費行動の激変に対応するべく、会社も次の段階に移って成長していかなくてはならない。何も対策をしなければ、市場全体の縮小とともに会社も衰退していってしまう。

　周知のとおり、どの業界でも成熟化すると寡占化していく。寡占化されていく中で、規模のメリットを享受できない会社は経営が厳しくなるため、中小企業であってもそのままの規模を維持して事業を続けるのは難しくなっていくものと思われる。

　親族や従業員だけで後継者を考えるとなると、その後継者問題は今回だけでなく未来永劫、事業が続く限り悩むことになり、その都度、親族内はもとより、会社を支える従業員及びその家族が不安に感じてしまう。

　図表２－６のようなカーブを会社が辿るとすると、事業を永続的に拡大していくためには、どこかで成長を加速させることが必要になる。加速させるためには、多額の資金を投下する必要があり、その資金調達のため今まではその多くが上場（ＩＰＯ）を検討してきた。上場をするということは、保有株式の約半数を市場に売却することである。それだけを考えれば、上場することとＭ＆Ａで株式売却することは同じとも言える。経営者が交代するかしないかで違いはあるが、資金調達により多額の資金を得て、その資金で会社の成長が加速するのであれば、従業員とその家族は喜ぶ。Ｍ＆Ａであれば、買手の会社も同時に成長することができ、買手側の従業員と家族も喜ぶ。

● 【図表2－6】一般的な企業成長のイメージ

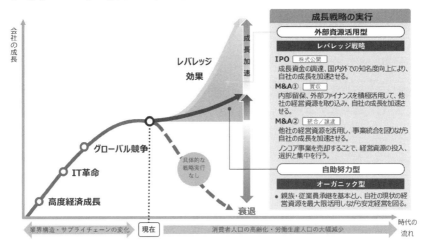

(出所：㈱日本M&Aセンター作成)

　現経営者及び事業承継候補者に考えてほしいことは、自社の置かれている状況と業界全体の動向、さらに日本及び世界の経済環境である。団塊の世代が経験してきた右肩上がりの経済成長（最近十数年は違うが）は今後は期待できない。会社組織である以上、事業規模は拡大させなければ衰退するだけであり、図表2－6のように自助努力で成長を維持できるのかどうか、あるいは他の方法で成長を加速させなければいけないのかどうかを慎重に検討していただきたい。

４. 組織再編の観点から（売手・買手ともにメリット）〜将来に備えるため

　業績好調な中小企業であれば、事業が多角化していることも多い。多角化の理由は、次の新しい事業の柱を作るためであったり、経営者の旺盛な好奇心によるものであったりする。そのため、すべての事業が好業績というわけでもなく、将来性はあるのだが人材不足等により重荷になっている事業もよくある。

　このような場合、事業承継に際して多角化した事業を整理売却することは非常に有効である。

　図表２−７は拡大した自社事業の一部を、Ｍ＆Ａで売却する手法の一つである。保有株式の全部ではなく一部だけをＭ＆Ａで資金化するためには、事業価値を分割して分社化しなくてはならない。もし事業を分割せずにもともとの形の保有株式の一部だけ売りたい、と希望を出しても、中小企業のＭ＆Ａでは売買は成立しない。中小企業の株式の売買は、基本は100％株式取得だからである。上場会社同士であれば、相手会社の株式の50％超とか３分の２以上とかの取得で支配権を握ることになるが、中小企業のＭ＆Ａでは旧オーナーを株主として残すことは想定されていない。残す意味がないからである。

　このように、まずは事業価値を分割して別会社を設立し、その新会社をＭ＆Ａで売却する。その株式の売却資金で納税資金を確保することができる。その後、相続税・贈与税対策をしながら株式を次世代に承継させ、同時に事業も承継させる。複数の事業があれば、それを分割して創業由来の事業を子供が承継して経営することとし、その他の事業を経営力のある従業員に任せれば、創業家としては持株会社を経由してグループ全体を支配することができる。将来的には、事業別にＭ＆Ａで売却することができるし、合併で元に戻ることも可能であり、臨機応変に対応することができる。

● 【図表2-7】自社事業の一部をM&Aで売却する手法の一例

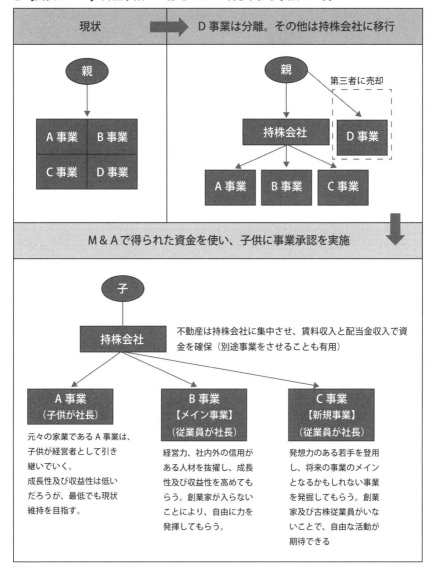

なお、図表2-7のように事業承継対策としてM&Aを視野に入れた組織再編をするケースもあるが、その際、以下の点に留意する必要がある。

（事業承継対策の原則）

- 会社の業績にマイナスとなる対策は可能な限り避ける
- 納税資金を確保する
- 事業承継者の資金負担もできる限り少なくする
- 出来る限りシンプルな資本政策とする
- 柔軟性がある対策とする
- 事業承継者に議決権を移動する
- 税務上のリスクがある対策は行わない
- 資本政策関係者の理解が得られる対策とする

（注）「組織再編」とは、一つの会社を複数に分割したり、逆に複数の会社を一つにしたりする会社法で定められている手法を意味する。

　このような組織再編ができるくらいの事業価値を複数持っている中小企業は少ないが、そういった中小企業の事業承継こそ相当難しい。会社規模が大きくなればなるほど、従業員、その家族、取引先、地域経済を守るために維持存続・拡大させなくてはならないからである。創業家の伝統を守りながら会社を維持発展させていくためには、自力成長はもちろん重要だが、どこかで成長を加速させるためにM＆Aが必要になってくるだろうし、逆に一時的に縮小せざるを得ない時期もあると思う。創業家のためだけではなく、社内・社外も含めた広い視点で事業承継を考え、さらに業界及び経済全体のことを考えれば、事業承継の解決策の一つとして、売手にも買手にも全員にメリットがもたらされるM＆Aという手法を選択肢の一つとして検討してもよいのではないかと思う。

　図表2－8は、創業家を中心として従来型の事業承継（狭義の事業承継）と、社内・社外も含めた新しい形の事業承継（広義の事業承継）の概念図である。創業家の中で事業承継が完結できれば良かった時代とは違い、これからは長期的な広い目線で事業承継を検討することが重要である。自社の事業の拡大・発展が目的であれば、親族承継や自力成長だけが手段ではないため、出来るだけ早い段階で今後の事業承継の戦略を検討することが必要である。

◉【図表2－8】創業家を中心として従来型の事業承継と社内外も含めた新しい形
の事業承継の概念図

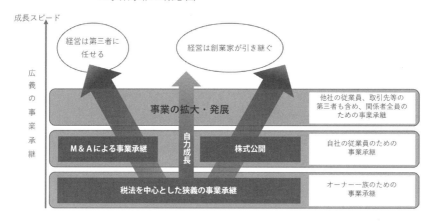

第３章
Ｍ＆Ａで守るべき法律及び税法

1. 税 法

　中小企業のM＆Aは、そのほとんどが株式譲渡か事業譲渡の方法でおこなわれるため、合併や会社分割といった組織再編行為を利用することは少ない。組織再編の手法を用いるM＆Aは比較的規模の大きい会社や、子会社が複数社ある場合が多く、税務上も検討すべきいくつかの論点がある。

　本書は、中小企業のM＆Aが対象であるため組織再編税制の説明は省略するが、組織再編を利用する場合には、必ず税務面の事前検討が必要である。

M＆Aの手法	税務論点
株式譲渡	・株式の時価
事業譲渡	・各資産及び負債の時価 ・事業全体の営業権（事業価値）の評価
組織再編行為	・再編対価の評価 ・組織再編税制 ・繰越欠損金の引継ぎ ・税務上の"のれん"の扱い

　M＆Aを検討するに際しては、親族承継と第三者承継との比較をするためにも、相続税法上の一般的な時価評価手法も知っておく必要があるため、その概略を説明する。

　（略語）

　「法法」　法人税法

　「法令」　法人税法施行令

　「財評基通」　財産評価基本通達

⑴ M＆A取引で注意しなければいけない当事者

　M＆A取引は、株式売買、事業全体を一体とした譲渡、資産負債の譲渡の大きく3つに区分される。M＆Aは通常、第三者との取引になるため、その取引価格は市場原理に基づき「時価」、すなわち当事者間の任意の価格となる。しかしながら、第三者間の売買であればどんな価格で

もよいというわけではなく、"税務上は"その値段に経済的な合理性が求められる。つまり、一般相場よりも著しく安かったり高かったりすると、寄付とか贈与といった問題が発生してしまう。さらに、そのM＆Aが同族関係者間での取引になるような稀なケースの場合には、任意の合意価額で売買すると、税務調査で否認されて追徴課税されるリスクが非常に高くなってしまう。

⑵ 同族関係者において税務リスクが高い当事者とは

①同族会社と同族株主の定義と相違点

　同族会社と同族株主は、いずれも税法に出てくる用語である。日本の中小企業のほとんどは同族会社であるといわれている。また、自社株（取引相場のない株式）の評価においては同族株主がいるかいないかによって評価方式が大きく変わる。以下、これらの定義と違いについて概略を述べる。

（ア）同族会社とは

　同族会社は、法人税法において定義されている。３人以上の株主で会社の発行済株式総数の過半数を占めている会社などが同族会社に該当する。同族会社に該当すると、行為計算否認（取引をなかったものとする）や、留保金課税（通常の法人税よりも多く課税する）などの規制対象となる。

　同族会社の定義は、次の通りである。

　会社の株主等の３人以下及びこれらの同族関係者の有する株式の数の合計額が、その会社の発行済株式の総数の50％を超える数の株式を有する場合、その会社の特定の議決権の50％超を有する場合におけるその会社をいう。

（注）会社自身が自己株式を所有している場合は、会社自身は"株主"と見做さず、その保有株式数は発行済株式総数からも控除する。

（法法２十、法令４⑤：一部削除修正）

図表３－１において、同族会社判定の具体例を示す。株式会社甲商店は株主甲で30％、株主乙（乙の子は、乙の同族関係者として考える）で20％、株主丙で10％と、３人以下で合計60％となり、上記の定義における50％を超える株式を有していることになり、同族会社と判定される（１株式につき１議決権という前提）。

● 【図表３－１】同族会社判定の具体例

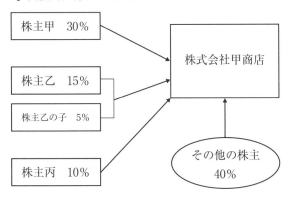

【コラム】会社についてのあれこれ

　同族会社は、その名の通り「会社」に関する法人税法上の定めである。そのため、会社以外の法人（協同組合、士業法人など）は同族会社に関する規制については対象外となる。

　有限会社（会社に含まれる）については、法律上は株式会社として存続している。有限会社とは日本において過去に設立が認められていた会社形態の１つである。会社法の施行に伴い有限会社法が廃止されたことから、有限会社の新設は現在認められていない。商号変更が強制されていないこともあり、現在も有限会社を名乗る会社が多く存在しており、中小企業のM＆Aにおいても、有限会社が登場してくることはある。

（イ）同族株主とは

　同族株主は、財産評価基本通達において定義されている。同族株主は同族会社とは異なる概念であるため、同族会社の判定とともに、同族株主の判定についても理解しておく必要がある。

　自社株の評価にあたっては、「同族株主」、「中心的な同族株主」、「中心的な株主」といった用語を正しく把握し、会社の規模や状態の判断によって評価方式（原則的評価方式もしくは特例的評価方式）を選択する必要がある。図表3－2、図表3－3は、財産評価基本通達をもとにこれらを図式化したものである。

◉【図表3－2】株主の態様

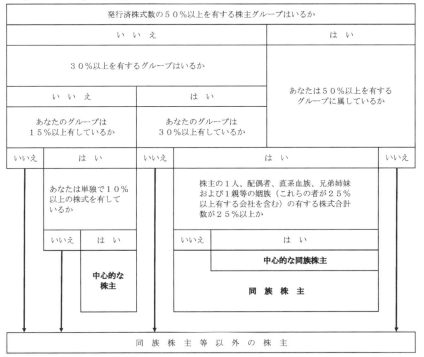

（参考「事業承継実務ハンドブック」）

◉【図表３－３】株主の態様等による評価方式

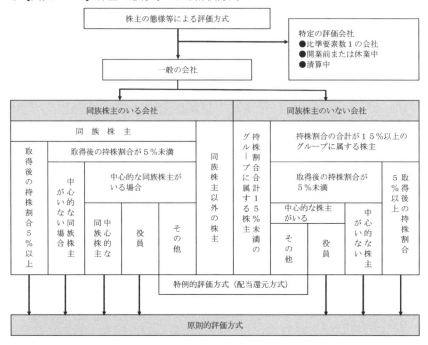

(参考「事業承継実務ハンドブック」)

(3) 同族関係者において税務リスクが高い当事者とは

　同族関係者において税務リスクが高い当事者について、最も典型的なケースは親と子（孫）である。親から子（孫）への事業承継においては相続税、贈与税の負担が大きな課題であり、これらの負担をできるだけ少なくしたいと誰もが考える。そのため親から子（孫）に対して行われる取引については、税務当局はその取引に税逃れの点はないかを入念にチェックする。その基本的考え方は、通常の第三者間で行う取引と比較して税逃れ（過度な節税も要注意）となっていないかどうかである。

　親と子（孫）以外の関係であっても、通常の第三者間取引との比較で、税務リスクがないかどうかを常に確認する必要がある。

(4) 税務上リスクの高い価格

　第三者間での取引であれば「時価」であればよいため、当事者間で任

意に決めればよい。中小企業のM＆Aでは全く見ず知らずの人に売却するケースも多いが、一方でそうではないケースも多い。例えば、取引先、旧知の同業他社などである。その場合、人情も加わった価格あるいは足元を見た価格になることも多く、特に人情が加わった価格（つまり相場よりも高い）となると相手に対する寄付になる可能性が出てくる。このため、中小企業におけるM＆Aにおいては、第三者間での取引であっても税務の規定を意識した価格とすることも多い。

　税務上のリスクを検討する上で、これらを「低廉譲渡」及び「高額譲渡」と呼ぶことが多く、図表3－4及び図表3－5の点について留意が必要となる。

　買収価額としてよく使われる「純資産＋のれん」の場合は、比較的高い金額になるためあまり問題とはならないかもしれないが、低廉譲渡のリスクについては常に考慮する必要がある。税務上の時価は、あくまでも課税上弊害がある場合（その取引について課税しなかったら租税回避行為となってしまう）に対するペナルティ的な規定として存在しているものと考えられるため、第三者間取引だからといって、どんな価格でもよいわけではない。

● 【図表3－4】低廉譲渡のリスク

取引種類 （売主⇒買主）	売手 （時価売却と見做す）	買手 （時価取得と見做す）
①個人⇒個人	みなし譲渡課税はない 譲渡損失の否認リスク （所得税法59条2項）	贈与税課税リスク （相続税法7条）
②個人⇒法人	みなし譲渡課税あり （所得税法59条1項2号）	法人税課税リスク（受贈益） （法人税法22条2項）
③法人⇒個人	・寄付金認定リスク ・法人税課税リスク（受贈益） 　（法人税法37条8項）	所得税課税リスク
④法人⇒法人	・寄付金認定リスク ・法人税課税リスク（受贈益）	法人税課税リスク（受贈益）

(注)　法人が個人から取得する場合は、時価の50％が低廉譲渡の目安基準となるが、その基準を上回っている金額であっても低廉譲渡の税務リスクは残るため、留意する必要がある。また、法人が

個人から低廉取得すると、法人側の受贈益の発生により他の既存株主の株価上昇による贈与税課税リスク（みなし贈与）が発生する（所得税法施行令169条、相続税法基本通達9－2）。なお、自社株式を取得する場合は「みなし配当」を考慮する必要がある。

　一方、あえて高く買う人はいないのかもしれないが、適正な"のれん"以上の金額で取得するケースも稀にある。その場合は、図表3－5の点について留意する必要がある。

● 【図表3－5】高額譲渡のリスク

取引種類 （売主⇒買主）	売手 （時価売却と見做す）	買手 （時価取得と見做す）
①個人⇒個人	贈与税課税リスク	なし （取得価額＝時価）
②個人⇒法人	所得税課税リスク	寄付金認定リスク （取得価額＝時価）
③法人⇒個人	なし （通常の法人所得としての受贈益課税）	なし （取得価額＝時価）
④法人⇒法人	なし （通常の法人所得としての受贈益課税）	寄付金認定リスク （取得価額＝時価）

(注) 法人が個人に高額譲渡すると、法人側の受贈益の発生により他の既存株主の株価上昇による贈与税課税リスク（みなし贈与）が発生する（相続税法基本通達9－2）。なお、自社株式を取得する場合は「みなし配当」を考慮する必要がある。

(5) 税務上の価格（財産評価基本通達における価格）

　財産評価基本通達とは、国税庁が公表している評価基準で、国内で唯一、公官庁から示されている評価方法である。いわゆる「時価」の評価方法は様々な議論がされており、論文なり書籍なりで発表され、また実務においても様々な方法が都度考案されて実用化されている。しかし、それらはすべて当事者間の任意でおこなわれているだけで、税務上、必ずしも"適正"と保証できるものではない。税務上"適正"としたい場合には、財産評価基本通達に準拠して評価をすることが一番安全であることが多い。

　以下が、財産評価基本通達に示されている評価方法の概略である。

①株　式

　有価証券には、取引相場のあるもの（上場株式等）、取引相場のない
もの（自社株）、公社債等があるが、ここでは自社株の評価についての
み解説する。自社株の評価については、税務上、2種類の時価の考え方
があるということは知っておく必要がある（下記の（ア）と（イ））。

（ア）財産評価基本通達（個人が当事者となる相続、贈与の場合）

　取引相場のない株式は、同族株主か、それ以外の株主か等の区分によ
り、それぞれ原則的評価方式又は特例的評価方式により評価することに
なる（具体的な判定については、前述【図表3－3】株主の態様等によ
る評価方式を参照）。また、実際の評価にあたっては、国税庁が公表す
る評価明細書［取引相場のない株式（出資）の評価明細書］を用いて算
定することとなる。

　原則的評価方式は、図表3－6で示す通り一般の評価会社と特定の評
価会社とに分かれる。評価明細書第2表に定める特定の評価会社（比準
要素数1の会社、株式等保有特定会社、土地保有特定会社、開業後3年
未満の会社等、開業前又は休業中の会社、清算中の会社）に該当した場
合には、一定の評価ルールが強制適用される。以下、一般の評価会社を
前提とする。

●【図表3－6】取引相場のない株式の評価方法

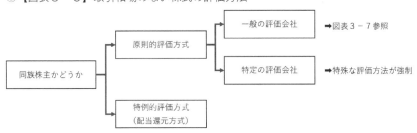

　一般の評価会社において自社株を評価する場合は、最初に会社規模を
判定することになる。具体的には、評価明細書第1表2の会社規模（L
の割合）の判定において、評価対象となる会社の直前期末における総資

産価額、取引金額、従業員数による判定を行う（判定基準の詳細は本書では省略する）。

　次に、会社規模（大会社、中会社、小会社）に応じた評価方式で金額を算定する。評価方式は図表3－7の通りである。

● 【図表3－7】一般の評価会社における会社規模の判定及び評価方式

ステップ1：会社規模の判定

会社規模	Lの割合	評価方式
大会社	－	類似業種比準価額方式（純資産価額方式との選択可）
中会社	大　0.90 中　0.75 小　0.60	類似業種比準価額方式と純資産価額方式の併用 （純資産価額方式との選択可）
小会社	－	純資産価額方式 （類似業種比準価額方式と純資産価額方式の併用との選択可）

ステップ2：評価方式別に算定

類似業種比準価額方式	評価対象会社の配当、利益及び純資産の3要素について評価対象会社と同業種の標本会社と比較して算定する方法である。標本会社に関する3要素などの情報は、国税庁ホームページなどで公表されている。具体的な計算方法は、評価明細書第4表で示されている。
純資産価額方式	対象会社の直前期末における貸借対照表を基に、財産評価基本通達に基づいて資産及び負債を再評価し、評価差額に対する法人税額等を控除して算定する方法である。具体的な計算方法は、評価明細書第5表で示されている。

　会社規模が中会社や小会社の場合、併用方式（類似業種比準価額方式と純資産価額方式の併用による方式）が評価方式となっている。併用方式は類似業種比準価額と1株あたりの純資産価額にそれぞれ一定の割合を乗じて算定する方法である。併用方式における類似業種比準価額のウェイトをLの割合という。

　会社規模が中会社におけるLの割合は図表3－7の通りである。中会社をさらに大、中、小の3区分に分けて評価する。例えば中会社の中という会社の場合、Lの割合は0.75である。そのため類似業種比準価額

を 0.75、1 株あたりの純資産価額を 0.25 として評価する。小会社の併用方式は類似業種比準価額を 0.5、1 株あたりの純資産価額を 0.5 として評価する。

　以上が原則的評価方式の概要である。一方、特例的評価方式は配当還元方式とよばれる評価方法によることとなる。配当還元方式とは、その株式を所有することによって受取る一年間の配当金額を、一定の利率（10％）で還元して元本である株式の価額を評価する方法である。具体的な計算方法は、評価明細書第 3 表で示されている。

【コラム】特例的評価方式が原則的評価方式を上回る場合

　特例的評価方式が原則的評価方式を上回る場合には原則的評価方式が適用される。例えば大幅な債務超過の会社で、財産評価基本通達に基づく原則的評価方式が 0 円（財産評価基本通達に基づく 1 株あたりの純資産価額が債務超過となる場合、株価はマイナスとは算定せず 0 円として算定する）である場合、特例的評価方式による価格に関わらず、原則的評価方式による評価額（0 円）を適用することとなる。

(イ)法人税法上の時価(法人を当事者とする売買や自己株式取得の場合)
　法人税法上は、時価での売買が必要になるが、時価の規定内容は一定の条件の下で法人税基本通達 9 － 1 － 14 において財産評価基本通達を準用することとしている。一般的に法人税法上の時価による評価額は、財産評価基本通達による評価よりも高額となる場合が多い。
　法人税基本通達 9 － 1 － 14（一部抜粋修正）は、上場有価証券等以外の株式の価額の特例として次の通り定めている。

　法人が、上場有価証券等以外の株式（9 － 1 － 13 の(1)及び(2)に該当するものを除く。）について法第 33 条第 2 項《資産の評価換えによ

る評価損の損金算入》の規定を適用する場合において、事業年度終了の時における当該株式の価額につき「財産評価基本通達」の178から189－7まで《取引相場のない株式の評価》の例によって算定した価額によっているときは、課税上弊害がない限り、次によることを条件としてこれを認める。

(1) 当該株式の価額につき財産評価基本通達179の例により算定する場合（同通達189－3の（1）において同通達179に準じて算定する場合を含む。）において、当該法人が当該株式の発行会社にとって同通達188の（2）に定める「中心的な同族株主」に該当するときは、当該発行会社は常に同通達178に定める「小会社」に該当するものとしてその例によること。

(2) 当該株式の発行会社が土地（土地の上に存する権利を含む。）又は金融商品取引所に上場されている有価証券を有しているときは、財産評価基本通達185の本文に定める「1株当たりの純資産価額（相続税評価額によって計算した金額）」の計算に当たり、これらの資産については当該事業年度終了の時における価額によること。

(3) 財産評価基本通達185の本文に定める「1株当たりの純資産価額（相続税評価額によって計算した金額）」の計算に当たり、同通達186－2により計算した評価差額に対する法人税額等に相当する金額は控除しないこと。

②土　地

　土地（宅地を前提とする）には様々な評価方法がある。このうち財産評価基本通達では、その土地が所在する地域に応じて路線価方式と倍率方式を定めている。

　土地所有者は、市区町村より固定資産税の通知書が毎年届き、通知書に記載された固定資産税を納付することとなる。この通知書には土地に関する情報が記載された課税明細書があわせて送付される。課税明細書があれば、土地所有者が有する土地の評価額を把握することが可能とな

る。

（ア）路線価方式

　路線価方式により評価する土地の価額は、その土地の面する路線に付された路線価を基として算出した価額によって評価する（財評基通13）。

評価対象地の路線価×評価対象地の地積＝評価額

　国税庁のホームページでは、全国の路線価に関する情報が閲覧できる。図表3−8のように、評価対象地に面する路線には「100 E」と数字とアルファベットが記されているが、これは「1㎡あたりの評価額が100千円であり、借地権割合は50％である」ことを示している。

◉【図表3−8】「路線価図」サンプル
地区区分：普通住宅地区、借地権割合：E（50％）を前提とする。

　　　　　　１００E

評価対象地

　評価対象地の地積を500㎡とした場合、評価対象地の評価額は以下のとおりである。実際の計算は、路線価に各種補正を入れて評価するが、ここでは説明を省略する。

路線価（100千円）×地積（500㎡）＝評価額（50,000千円）

（イ）倍率方式

　倍率方式により評価する土地の価額は次の算式により評価する（財評基通21、21−2）。

> 評価対象地の固定資産税評価額×国税局長の定める一定の倍率＝評価額

　固定資産税評価額は、課税明細書に記載されている。国税庁のホームページでは、全国の倍率に関する情報が閲覧できる。例えば評価対象地の固定資産税評価額が 40,000 千円であり、倍率が 1.1 倍である場合、評価対象地の評価額は以下のとおりである。

> 40,000 千円×倍率（1.1 倍）＝評価額（44,000 千円）

③建　物

　建物所有者は、市区町村より固定資産税の通知書が毎年届き、通知書に記載された固定資産税を納付することとなる。この通知書には建物に関する情報が記載された課税明細書があわせて送付される。課税明細書があれば、建物所有者が有する建物の評価額を把握することが可能となる。

　建物は、次の算式によって評価する（財評基通89）。

> 対象物件の固定資産税評価額× 1.0 ＝評価額

　建物についてリフォーム（増改築）を行ったが、固定資産税評価額が付されてなかったり、リフォームが固定資産税評価額に反映されてなかったりする場合は、増改築等に係る部分の再建築価額から償却費相当額を控除した価額の 100 分の 70 に相当する金額で評価するのが一般的な取扱いとされている（国税庁質疑応答事例「増改築等に係る家屋の状況に応じた固定資産税評価額が付されていない家屋の評価」一部抜粋修正）。

④借地権

　中小企業の場合、オーナーやその親族が所有する土地に会社の建物を

建てる場合が多い。この場合、会社の貸借対照表には建物のみが計上されることになるが、税法上は会社に借地権があるものとして自社株の評価に大きく影響を及ぼす場合がある。

◉【図表3−9】「路線価図」サンプル

地区区分：普通住宅地区、借地権割合：E（50％）を前提とする。

　　　　１００Ｅ

　　　評価対象地

　評価対象地（借地権）の地積を500㎡とした場合、評価対象地（借地権）の評価額は以下のようになる（財評基通27）。実際の計算では、路線価に各種補正をしたり、借地権割合を検討したりした上で評価することになるが、ここでは説明を省略する。

> 路線価（100千円）×地積（500㎡）＝自用地評価額（50,000千円）
> 50,000千円　×　借地権割合（50％）　＝　評価額（25,000千円）

⑤営業権

　営業権の価額は、次の算式によって計算した金額によって評価する（財評基通165）。

　この算式によると、会社の総資産が少ないにもかかわらず、高収益をあげている会社については営業権が計上されることになる。

> 平均利益金額×0.5－標準企業者報酬額－総資産価額×0.05＝超過利益金額
> 超過利益金額×複利年金現価率*1＝評価額

*1　営業権の持続年数（原則として10年）に応ずる基準年利率による複利年金現価率
（注）医師、弁護士等のようにその者の技術、手腕又は才能等を主とする事業に係る営業権で、その事業者の死亡と共に消滅するものは、評価しない。

　営業権に関する財産評価基本通達改正前は、通達に従い営業権が計上

されるケースが散見されたが、通達改正後（平成20年分以後の相続等）は上記算式によって計算した結果、超過利益金額が0円となるため営業権が計上されない場合が多いといわれている。

⑥動　産

　動産（機械装置、器具備品、車両運搬具など）の価額は、次の方法によって評価する（財評基通128～130）。評価単位は1個または1組ごとに評価する。

（ア）売買実例価額、精通者意見価格等が明らかなもの
　売買実例価額、精通者意見価格等を参酌して評価する。

（イ）売買実例価額、精通者意見価格等が明らかでないもの
　小売価額－償却費相当額

⑦保険（生命保険契約に関する権利）

　保険に関する権利の評価は、評価時点における解約返戻金の額によって評価する（財評基通214）。会社が保険積立金や長期前払費用として資産計上している保険の他、全額経費として経理処理している保険についても、解約返戻金に基づいて評価することとなる。

⑹　M＆Aの際の第三者との取引価格
①株　式

　M＆Aの取引相手は第三者ではあるが、取得者は支配権を持つことになるため、定義上は同族株主に該当する。

　しかしながら、第三者同士の株式売買は自由取引であり、親族間取引のように課税の公平性が害されることは想定しにくいため、直接的に財産評価基本通達や法人税基本通達が適用されるものではないと思われる。このため、状況によっては、いくつかの評価方法の中で一番低い価額が採用されたとしても、売手と買手双方が了承していればそれが時価

となる。例えば、M＆Aでの株式取得者が、売手オーナー以外の少数株主から配当還元方式の価格で株式を取得した場合である。配当還元方式は、一般的には最も低い金額となるが、少数株主同士の株式売買であれば特に問題にはならないだろう。しかし、取得者が少数株主でない場合に、それが税務上も時価として認められるかどうかである。

　まず、株式取得者が個人である場合、低廉譲渡に抵触すれば贈与税の課税リスクがあるが、低廉かどうかの判断は難しい。例えば、同じ第三者間取引であっても、発行済株式の3％を取得する場合と、100％を取得する場合で、一株当たり取得価額が同じでいいかというと、何か特別な理由がないと説明が付かないと思われる。配当還元方式の概念は、配当収入だけが期待できる少数株主だから認められるのであって、配当も含めたすべての支配権を取得することになるM＆Aにおいては、低廉譲渡のリスクが残ると思われる。

　次に、株式取得者が法人である場合、法人税法上は第3章－1－(4)－①－（b）で説明したように、法人税基本通達に“課税上弊害がない限り”という言葉が明記されている。M＆Aでの取得者に直接適用される規定ではないとはいえ、配当還元方式を無条件で時価と認めることにはならないのではないかと思われる。時価での売買が想定されている以上、配当還元方式が“課税上弊害がない”又は“時価だ”と言い切れるかどうかは難しい問題である。

　いずれにしても、M＆Aでの時価に関する税務上の直接的な規定は存在しない。自由取引で決まった時価であることを証明できるような証拠資料を残しておくことは極めて重要である。

● 【図表3－10】課税上弊害がない価格とは

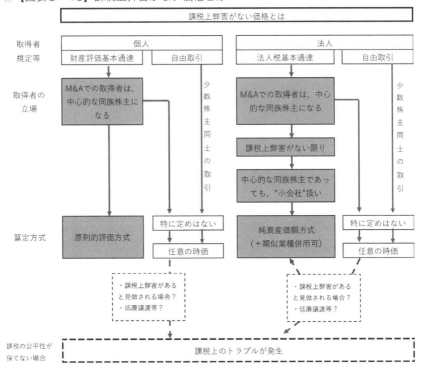

②土　地

　相続税及び贈与税を検討する際には、土地の評価は路線価等の金額で構わないが、M＆Aでの評価は基本的には相場の時価となる。場所によっては、路線価よりも相場のほうが数倍高いケースもあり、金額的に重要性がある場合には不動産鑑定士による鑑定評価をする場合もある。

　なお、M＆Aにおいて簡便的に路線価で評価することは多いが、あくまでも相場と大差ない場合である。

③建　物

　土地と違い、建物だけの相場の時価は算定が難しく、このため固定資産税評価額や帳簿簿価で評価することが多い。内容によっては、使用価値がなかったり、耐震等の関係で建て直しが必要であったりしてゼロ評

価する場合もあるし、土地と一緒に不動産鑑定士に鑑定評価してもらうこともある。

④借地権

通常は、オーナー社長の個人所有の土地を借地しているため、M＆Aにおいてはそれを時価評価することはない。

⑤営業権

M＆Aでは、貸借対照表の一つの項目として時価評価するのではなく、買収価額全体の加算項目（つまり"のれん"）として算定する。このため、財産評価基本通達で示している計算方法で時価評価することは多くはない。

⑥動　産

不動産以上に相場の時価の算定は難しく、そのため帳簿簿価で評価することが多い。しかし、中には利用価値がないものが含まれていることも多く、物件別に判断してゼロ評価や中古価格を調査したりすることもある。特に機械は中古市場があるため、相場は比較的把握しやすい。

⑦保　険

一般的には節税目的で行われているため、解約返戻金を調べ、税金負担分を控除した金額を時価とすることが多い。

2．会社法

⑴ M＆Aの手法

①会社法で認められている手法

　M＆Aと聞くと、なにやら難しいことをやっているのでは、と思う人が多いようだが、会社同士のM＆Aは会社法で認められた手法しか実行できない。会社法では、以下の5つの手法しか定めておらず、さらに中小企業のM＆Aでは実際には3つの手法（下記手法1～3）の中の選択になるだけであり、決して難しくはない。

手法1：株式取得

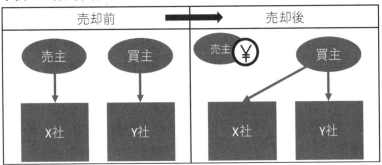

　株式取得は、会社法で特別に定められている手法というわけではなく、一般的な株の売買取引である。普通の売買であるため、会社法上で特別な手続きはないが、M＆Aによる株式取得は通常は多額の売買取引になるため取締役会で決議すべき事項とされている。

手法2：事業譲渡

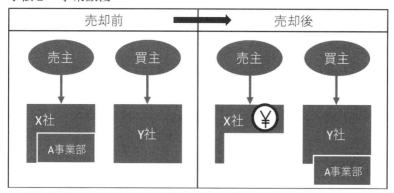

　事業譲渡は、かつては"営業譲渡"と呼ばれていたが、"商法"から"会社法"に改正された際に名称が変更された。

　事業譲渡とは、事業部全体を一体として売買することであるが、実際の手続きとしては個々の資産及び負債を取捨選択して売却するため、"まとめ買い"と理解したほうが分かりやすい。

　手法1の株式取得との違いは、売却代金が売主ではなく、会社に入ることである。

手法3－1：会社分割（分割型）

【対価が株券の場合】

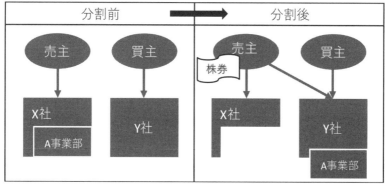

【対価が現金の場合】

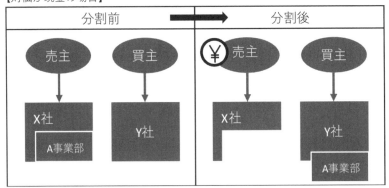

　会社分割には２種類あり、一つは、会社を分割することにより、売主が保有していた株式そのものが分裂したとみなす手法である。これを分割型会社分割という（手法３－１）。

　もう一つは、営業譲渡と同じ構図であり、Ｘ社がＡ事業部を売却したとする手法である。これを分社型分割という（手法３－２）。

　手法３－１では、Ａ事業部を売却した対価として、"売主である株主"がＹ社の新株券を取得する場合と、現金を取得する場合の２パターンに分かれる。中小企業のＭ＆Ａにおいては、非上場株式のＹ社株式をもらっても現金化できないため、通常は現金対価の会社分割となる。

手法３－２：会社分割（分社型）

【対価が株券の場合】

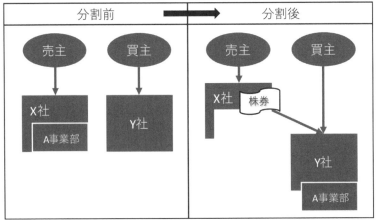

【対価が現金の場合】

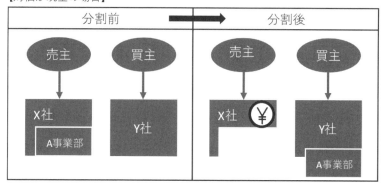

　手法3－2では、Ａ事業部を売却した対価として、"Ｘ社"がＹ社の
新株券を取得する場合と、現金を取得する場合の2パターンに分かれる。
中小企業のＭ＆Ａにおいては、非上場株式のＹ社株式をもらっても現
金化できないため、通常は現金対価の会社分割となる。

手法4－1：株式交換

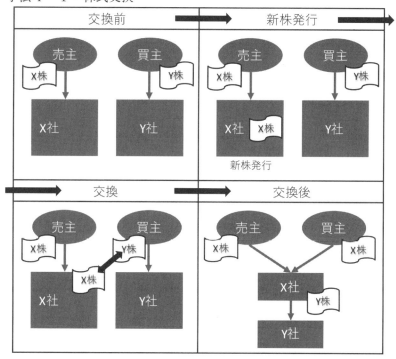

中小企業のM&Aにおいては、株式交換はあまり利用されない。非上場株式のX社株式を取得しても現金化できないからである。なお、現金を対価とする株式交換もあるが、X社による株式取得と同じことになるため、あえて株式交換が利用されることはない。

手法4－2：株式移転

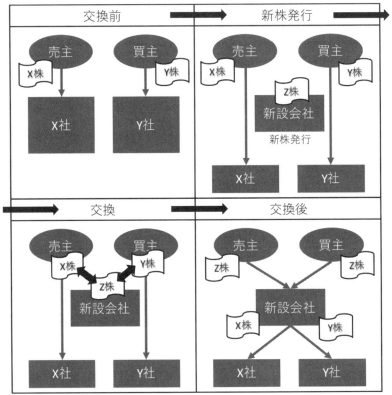

　株式交換と同じ方法であるが、株式移転は新設会社の株式と交換させるという点だけが異なる。こちらについても、中小企業のM&Aではあまり利用されない。

手法5：合併

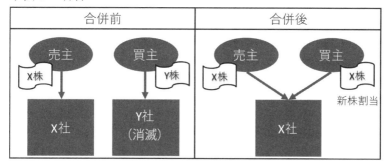

（注）どちらが新株割当してもよい。

　合併も中小企業のM＆Aではあまり利用されない。売主が現金化できないということと、組織を一体化させる労力・コストを負担することが難しいからである。

②各手法別の主な手続

手　続	株式取得	事業譲渡	会社分割	株式交換株式移転	合併
M＆A承認のための取締役会	○	○	○	○	○
契約書等の締結	○	○	○	○	○
株主総会招集のための取締役会（注1）	—	△	○	○	○
労働者との協議	—	—	○	—	—
株主名簿基準日公告	—	△	○	○	○
労働者および労働組合宛通知	—	—	○	—	—
株主総会招集通知発送	—	△	○	○	○
事前開示書類の備置	—	—	○	○	○
労働者からの異議申述期間	—	—	○	—	—
株主総会	—	△	○	○	○
債権者の異議申述公告・催告（注2）	—	—	△	×	○
反対株主の買取請求期限	—	△	○	○	○
効力発生日	—	△	○	○	○
登記	—	△	○	○	○
事後開示書類の備置	—	—	○	○	○

（注1）事業譲渡においては、①事業の全部または重要な一部の譲渡（売主側）、事業の全部の譲受け（買主側）の場合に株主総会が必要となる。
（注2）会社分割の場合、分割会社の債権者が、分割後に分割会社に債務履行を請求できない場合に異議申述が可能。

(2) 株式取得

①意　義

　中小企業のM＆Aにおいて、最もよく利用される手法である。その理由は、最も簡単な手法だからであり、さらにオーナー（売主）に現金が入るからでもある。通常は100％の全株式を取得することが条件となるが、稀に100％未満の株式取得もある。

　会社法上、持株比率により株主としての権限が変わってくるため、下記の事項についてはしっかりと理解しておく必要がある。

持株比率	株主の権限
100％	制限なし
90％以上	特別支配会社としての強い権限 （少数株主への株式売渡請求、組織再編時の株主総会省略など）
3分の2超	株主総会での特別決議を単独可決
50％超	株主総会での普通決議を単独可決
3分の1超	株主総会での特別決議を単独で拒否
25％超	相手の会社が所有している当社の株式の議決権を消滅させる

　比較的規模の大きい中小企業になってくると、他社から資本提携の打診がくることがある。その場合、株式を持たせてくれないか、という話になるが、上記の会社法上の規定を十分に理解し、何割の株式なら所有させてもよいかを慎重に判断する必要がある。

　一般的には過半数、つまり50％＋1株を持っていれば、その会社を支配することができると言われており、その理由は株主総会で取締役を選任することができるからである。会社の意思決定は、実際には株主総会ではなくて取締役会でされるため、取締役会を支配できていれば、当該会社を支配できていると言える。そのため、取締役の人数の過半数を自分の意思に沿った人選ができれば、取締役会をコントロールでき、ひいては当該会社を支配できることになる。

　逆に言えば、50％ぴったりにしてはいけないということになる。支配するわけでもなく、支払わされるわけでもなく、中途半端な状態になり、次世代後継者に難題を残すことになってしまう。

②スケジュール

　M＆Aの当事者となっている会社は、社歴のある会社が多く、会社法施行前（2006年）に設立された会社が多い。会社法施行前の旧商法では、株式会社は株券発行が原則であったが、会社法では株券不発行が原則になっている。旧商法時代に設立された株券発行会社は、会社法改正によって自動的に不発行になっているわけではない。また、株券発行会社ではあるが、実際に株券を印刷している会社は少ないし、過去に実際に印刷して発行していたとしてもすべてが揃っていない会社も散見される。さらに、株券が紛失、散逸している会社もあり、その株券を第三者が善意取得している可能性もゼロではない。いずれにしても、株券が完全に揃っていないということ自体、相当なリスクになる。

　このため、スケジュール上、可能であれば株券発行会社から不発行会社に変更しておくことをお勧めする。

【会社法上のスケジュール】

手　続		期　限	内　容
売　手	買　手		
株主総会	―		定款変更により、株券発行を廃止する旨の決議（特別決議）
公告、株主への個別通知	―	効力発生日の2週間前	
効力発生日	―		株券不発行の効力発生
登記	―		
取締役会	取締役会		契約締結することを決議
株式売買契約締結	―	株券不発行の効力発生日後	株券発行会社のままの場合は、株式売買契約書の条項の内容が違ってくる（本契約で売買される株式が真実であることを保証する）

（注）別途、株主総会招集手続きは必要

③留意点

　株式を取得するということは、当該会社を丸ごと買うことであり、資産も負債も、さらには隠れ負債もすべて買うことになる。また、通常は株式買収条件として、借入金の個人保証及び担保差し入れも肩代わりすることになる。

　株式取得の方法は、簡単であるが故に最もよく用いられる手法であるが、簡単であるからこそリスクも一緒に簡単に紐付いてくることには十分に留意しなくてはいけない。隠れ負債は、売主側も気付いていないものもあり（例えば、土壌汚染、アスベスト使用建物）、買収調査でも発見できないことがあるということを理解しておかなくてはいけない。

(3) 事業譲渡
①意　義

　中小企業のM＆Aにおいて、株式取得とともによく利用される手法である。

　株式取得と異なる点は、特定された資産及び負債のみを買い取るため、その他のリスク（隠れ負債など）は排除されることと、売却資金がオーナーではなく会社自身に入ることである。事業譲渡は実務的には資産及び負債の売却であるため、売却益又は売却損が発生することになり、それを利用した節税も可能となる。

　事業の売却に伴い、どの資産及び負債がその事業に含まれるのかの判断が難しい。その場合には、売主側ではなく、買主側の視点で考えると分かりやすいと思われる。つまり、買主から見れば事業継続に必要な資産及び人員さえ揃っていればよく、設備及び従業員の取捨選択であり、債権債務については引き継いでも引き継がなくても構わない。例えば、売掛債権について、事業譲渡日までに発生した売掛債権については旧会社（売主）に帰属させ、事業譲渡日以降に発生する売掛債権については買収会社（買主）に帰属させることも多い。すると、得意先の中には間違えて事業譲渡日前の債権の支払いを、旧会社ではなく買収会社に支払ってしまうことも多いが、この場合は買収会社が旧会社に返金するこ

ととなる。借入金についても、もともとは対象事業のための借入であっても、事業譲渡の対象債務にしなくても構わない。これらすべて、事業譲渡契約条件の中でリストとして明確に区分されることになる。

なお、債権債務を譲渡する場合には、相手の同意が必要になる。

②スケジュール

事業譲渡は、法解釈としては単なる財産の処分ではないとされているため、原則は株主総会決議が必要となる。つまり、単なる財産の処分であれば、会社法362条の"重要な財産の処分及び譲受け"として取締役会決議で足りるが、それには該当しないと解釈されている。

中小企業のM＆Aにおいては、実際には個々の資産負債の売買と同様に扱っているケースが多いように思われるが、株主構成によっては異議を唱えてくる株主がいるかもしれないため、その場合には株主総会の可否については慎重に検討する必要がある。

なお、事業譲渡については、他の組織再編行為と異なり、債権者保護手続きはない（個別同意が必要となっているため）。

【株主総会の省略の可否】

	売　主	買　主
原則 （注1）	下記の場合以外は省略可能 ①事業の全部の売却 ②重要な事業の売却 （つまり、重要でなければ省略可能）	下記の場合以外は省略可能。 ③売主の事業の全部の買収 （つまり、重要でなければ省略可能）
簡易手続	「②重要な事業の売却」であっても、総資産の20%以下の売却であれば省略可能	「③売主の事業の全部の買収」であっても、その買収金額が買主の純資産の20%以下であれば省略可能
略式手続 （注2）	当事者のいずれかが相手方の大株主（90%以上保有）の場合は、省略可能	
会社法条文	467条、468条	

（注1）会社法467条1項4号（事業賃貸、経営委任等）及び5号（設立後2年以内の会社に関する事項）については、上記表では省略している。
（注2）90%以上保有している株主を、特別支配会社という。

【会社法上のスケジュール①】株主総会が必要なケース

手　続	期　限	内　容
取締役会		契約締結することを決議
事業譲渡契約締結		株主総会の承認を前提とした締結(注)
株主への個別通知	効力発生日の20日前までに	
株主総会		
反対株主の株式買取請求	効力発生日の前日まで	
効力発生日		

(注) 別途、株主総会招集手続きは必要

【会社法上のスケジュール②】株主総会を省略するケース

手　続	期　限	内　容
取締役会		契約締結することを決議
事業譲渡契約締結		
株主への個別通知	効力発生日の20日前までに	(注)
反対株主の株式買取請求	効力発生日の前日まで	(注)
効力発生日		契約書で明記

(注) 簡易手続きにおける買主側の株主には株式買取請求権が認められていないが、それ以外の場合にはすべての少数株主に株式買取請求権が認められている。また無効の訴えの可能性も否定できないため、株主総会を省略する場合であっても、すべての株主に通知することになる。なお、一定の場合には通知ではなく公告で代替できる（会社法469条）。

③留意点

　中小企業のM＆Aにおいて、事業譲渡の場合で株主総会を実施する事例は少ないように思うが、本当に株主総会が不要かどうか検討していないケースも多い。会社法上、株主総会が必要なのに実施しなかった場合、訴えにより事業譲渡が無効になりうる。

　略式手続きの場合は、議決権比率で判定されるので解釈の余地はない。一方で簡易手続きにおいて、割合がかろうじて20％を切っている場合では量的基準は満たしていても質的重要性が高い場合がある。量的基準は決算書を調整することによりコントロールできることもあり、この場合、後日反対株主から無効の訴えを起こされると無用なトラブルとなるため、株主構成が複雑な場合は、念のため株主総会を開催したほうがよい。

⑷ 会社分割
①意　義

　中小企業のM＆Aにおいて、比較的利用しやすい手法であり、実例としても徐々に増えている。

　会社分割と事業譲渡は、M＆A後の形としては同じとなるが、以下の違いがある。

項　目	事業譲渡	会社分割
支払対価の柔軟性	現金のみ	元々は新株発行による株式交付を想定した制度だが、株式交付の代わりに現金交付することも可能
支払対価の行き先	売主の会社自身	分割した会社自身　又は　分割した会社の株主
許認可	引き継げない	業種によっては許認可が引継ぎ可能
債権者保護手続	会社法の手続きとしては必要ないが、個別同意で債務を移す必要がある	会社法の手続きとして必要
債権債務	当事者間の合意・契約により債権債務を個別に引き継ぐ	包括引継ぎ
簿外債務	分離可能	包括的に引き受ける
従業員	当事者間の合意はもちろん、従業員との個々の合意も必要	包括引継ぎだが、労働者保護手続きは別途必要であるため、無条件で引き継がれるわけではない
競業避止義務（会社法21条）	譲渡側は20年間競業できないが、当事者間で変更できる	なし
税金	登録免許税や不動産取得税など課税される	一定の条件を満たせば、登録免許税や不動産取得税などが軽減又は免除される
消費税	課税	非課税

　会社分割の手法が使われることが多くなってきた理由としては、売主（分割側）の株主に対価を渡すことができる点である。これにより、事

業の一部を株式売却のように現金化できることになる。

　一方で、会社分割は“包括引継ぎ”が原則であるため、事業譲渡と異なり、簿外債務などの隠れたリスクも一緒に引き継ぐことになる。

②スケジュール

　会社分割は組織再編行為であるため、原則は株主総会が必要である。会社債務も包括的に移転するため、外部の債権者を保護する手続きも必要になってくる。

　スケジュール上、会社分割の特徴としては、労働者を保護する法律「会社分割に伴う労働契約の承継等に関する法律」（以下、「労働承継法」という）が定められていることである。会社分割は、会社法上は債権債務も雇用契約も包括引継ぎ（つまり当事者の同意なく自動で移転）されてしまうため、労働者を保護するために、労働承継法が制定されている。中小企業であっても当該法律は適用対象であり、後々のトラブルを避けるためにも留意が必要である。

【株主総会の省略の可否】

	売主（分割会社）	買主（承継会社）
原則	株主総会が必要	株主総会が必要
簡易手続	売主の総資産の20%以下の資産分割であれば省略可能	以下を満たす場合に省略可能 ①簡易手続に反対する株式数が総株式数の1/6以下 ②支払対価が買主の純資産の20%以下 ③承継財産が純額でマイナスでないこと ④譲渡制限会社が支払対価として当該譲渡制限株式を含めない場合
略式手続（注）	買主が大株主（90%以上保有）の場合は、売主側は省略可能	売主が大株主（90%以上保有）の場合は、買主側は省略可能。 ただし、譲渡制限会社が支払対価として当該譲渡制限株式を含める場合は省略不可。
会社法条文	784条、796条、805条	

（注）90%以上保有している株主を、特別支配会社という。特別支配会社側ではいずれの場合も略式手続きはできない。

【会社法上のスケジュール①】株主総会が必要なケース

手　続	期　限	内　容
取締役会		契約締結することを決議
労働者との協議		分割会社のみ
分割契約締結		株主総会の承認を前提とした締結（注）
労働者及び労働組合への通知	株主総会の2週間前	分割会社のみ
労働者からの異議申述	事前通知から13日経過後から株主総会の前日まで	分割会社のみ
株主総会		
債権者保護手続開始	効力発生日の1か月前までに開始	
反対株主の株式買取請求	効力発生日の前日まで	
債権者異議申述期限	効力発生日の前日まで	
効力発生日		

（注）別途、株主総会招集手続き及び書類備置は必要

【会社法上のスケジュール②】株主総会を省略するケース

手　続	期　限	内　容
取締役会		契約締結することを決議
労働者との協議		分割会社のみ
分割契約締結		別途、書類備置は必要
労働者及び労働組合への通知	分割契約日から2週間以内	分割会社のみ
労働者からの異議申述	事前通知から13日経過後から効力発生日までの一定の日	分割会社のみ
債権者保護手続開始	効力発生日の1か月前までに開始	
反対株主の株式買取請求	効力発生日の20日前までに通知して効力発生日の前日までに受付	簡易分割の分割会社の株主は請求できない。
債権者異議申述期限	効力発生日の前日まで	
効力発生日		

③留意点

　中小企業のM＆Aでは、事業譲渡と会社分割のどちらを選択すべきか迷うときに課題となるのが、分割事業に紐付いている得意先及び契約関係先の数である。

　会社分割であれば得意先との取引基本契約や事務所賃借の賃貸契約などが、再契約せずに引き継ぐことができるが、事業譲渡では個々に契約を締結し直すことが必要になってくる。分割する事業の得意先が、年間取引額は少額だが多数ある場合には、相当な労力を掛けて再契約し直さなくてはならないし、賃借契約については再契約に伴い条件変更などが付加されることがある。

　引き継ぐ事業に隠れているリスクの限定といった面では事業譲渡のほうが望ましいが、買収後の手続きを考えると、会社分割のほうが良い場合も多い。

(5) 合　併
①意　義

　中小企業のM＆Aにおいては、ほとんど利用されない手法である。

　合併は、売手オーナーの保有株式に対して、買手会社の新株を割り当てることになる。売手オーナーとしては非上場株式を割り当てられても資金化できないため、この形式での合併は中小企業のM＆Aでは採用されることは少ない。新株割り当てではなく、現金交付で合併することも可能であるため、中小企業のM＆Aで採用されるとしたら現金交付の合併となる。

　事業承継のためというよりは、経営戦略の一環でおこなわれるケースが多く、例えば同じ地域の車ディーラーの統合、地元大企業が地域の雇用維持のための救済合併、事業買収というよりは優良資産目的の合併などが考えられる。

②スケジュール

　中小企業のM＆Aにおいては、合併が利用されることはほとんどない

が、他の手続きとの比較として、以下に簡略したスケジュールを示した。

　なお、合併においても簡易手続き及び略式手続きの定めがあるが、詳細は省略する。

【会社法上のスケジュール】株主総会が必要なケース

手　続	期　限	内　容
取締役会		契約締結することを決議
合併契約締結		株主総会の承認を前提とした締結(注)
株主総会		
株券提出公告・通知と債権者保護手続開始	効力発生日の1か月前までに開始	
反対株主の株式買取請求	効力発生日の前日まで	
債権者異議申述期限	効力発生日の前日まで	
効力発生日		

(注) 別途、株主総会招集手続き及び書類備置は必要

③留意点

　合併は、二つの会社が一つの会社になることであるが、会社は人の集まりという側面もあり、集団同士が一緒になるというのは実際には難しい。形式的にも、給与体系や福利厚生の統一、職階の刷新、基幹システムの変更、職場の異動や統廃合といったことを早急に解決しなくてはならない。

　しかしながら、形式的なことは時間をかければ解決できるのだが、内面的な人の融合は時間をかけても解決できないことが多い。社名変更、上司及び部下の変化、社風の変化、愛着のあった会社へのロイヤリティの低下など、言葉では説明できないハードルがあり、それを乗り越えるための事前準備とその後のケアに相当な労力を要する。

　ちなみに、昨今は重視されているパワハラやセクハラの問題であるが、そのレベルは会社によって違うため、従業員がどのように感じるかは合併してみないと分からない。

(6) 株式交換

①意　義

　中小企業のM＆Aにおいては、ほとんど利用されない手法である。

　株式交換は、買主が売主の株式をすべて取得する際に、現金ではなく、買主が自己株式（新株発行）を交付する手法である。買主が上場会社であれば、その交付された株式を市場で売却して換金できるが、中小企業のM＆Aでは買主も非上場会社であるため、売主は買主の株式を取得しても換金できない。また、取得した株式を保有したまま買主の株主に残ったとしても、事業承継のためにM＆Aをした意味があまりない。

　あるとしたら、例えば同業他社オーナーに自社の経営を任せるため、第一段階として株式交換で自分も株主として残り、数年後にはその株式を現金で買い取ってもらうということが考えられるが、敢えて株式交換を選択する理由はないと思われる。

②スケジュール

　中小企業のM＆Aにおいては、株式交換が利用されることはほとんどないが、他の手続きとの比較として、以下に簡略したスケジュールを示した。

　なお、株式交換においても簡易手続き及び略式手続きの定めがあるが、詳細は省略する。

【会社法上のスケジュール】株主総会が必要なケース

手　続	期　限	内　容
取締役会		契約締結することを決議
株式交換契約締結		株主総会の承認を前提とした締結(注)
株主総会		
株券提出公告・通知と債権者保護手続開始	効力発生日の1か月前までに開始	
反対株主の株式買取請求	効力発生日の前日まで	
債権者異議申述期限	効力発生日の前日まで	
効力発生日		
増資登記		増資の場合は登記が必要

(注) 別途、株主総会招集手続き及び書類備置は必要

③留意点

　稀に上場会社と株式交換をする場合がある。

　上場会社との株式交換により、上場会社の株式を取得することができるが、通常はその取得株式の売却に制限が課せられる。市場における株式数の需給関係に影響を及ぼさないためであるが、するといざ売却するときには、当初想定していた株価にはなっていないケースも多い。株価が上昇していればよいのだが、下落してしまうケースもある。仮に下落したとしても、その下落分は補填してくれないため、その点は覚悟しておかなくてはならない。

(7) 株式移転
①意　義

　株式交換と同様、中小企業のM&Aにおいては、ほぼ利用されない手法である。

　株式交換と違うのは、新しくホールディング会社を設立して、そのホールディング会社の新規発行株式と交換する、という点である。

　中小企業のM&Aで利用するとしたら、例えば同じ地域の同業他社オーナーに自社の経営を任せるため、第一段階として株式移転で自分も

株主として残りつつ、同業他社とは兄弟会社となり並列で経営し、数年後に両社を合併させて、合併対価として保有株式を現金で買い取ってもらうということが考えられる。

②スケジュール

　中小企業のM＆Aにおいては、株式移転が利用されることはほぼないため、省略する。

③留意点

　中小企業のM＆Aにおいては、株式移転が利用されることはほぼないため、省略する。

3．会計基準

⑴ 中小企業における会計基準の準拠性について

　Ｍ＆Ａを実行した場合の会計処理は、いわゆる企業結合会計基準に準拠することになっている。

　正式名称は下記の二つの会計基準と一つの適用指針から構成される。

　　・企業結合に関する会計基準

　　・事業分離等に関する会計基準

　　・企業結合会計基準及び事業分離等会計基準に関する適用指針

　一般的に、公認会計士による会計監査が必要ではない会社において、上場会社のように会計基準に厳密に準拠して会計処理をおこなっている会社はない。その理由としては、準拠していなくても株主、銀行、税務署から怒られるわけでもなく、わざわざ難しい会計基準に準拠してまで、自ら減損とか評価損といったマイナス情報を計上する意味がないからである。中小企業に対して最も大きな影響を与える税務調査にしても、適正な税額計算さえしていれば問題なく、極端に言えば、仮に決算書が間違っていたとしても、税務申告上で修正していれば実際には何も支障はない。さらに、赤字を黒字に装う粉飾決算をしていたとしても、払わなくてもよい税金をわざわざ払ってくれていることになるため、粉飾決算自体を税務調査で問題視されることはそれほどないであろう。

　このように中小企業においては、税務調査対応としての会計処理さえクリアしていれば特に支障はなく、それゆえに上場企業が適用している「一般に公正妥当とされる会計基準」を厳密に適用している会社はほとんどない。

　企業結合会計基準はまさにその典型例であり、会計基準には「企業結合会計」があり、一方で税法には「適格組織再編税制」があるため、会計と税制が整合しないことがある。さらに、資本の部をどうするか、"のれん"をどのように計上するかなど、複雑な基準や規定があるため、中小企業においてその基準等を厳密に理解して適用するのは困難である。仮に企業結合会計基準に準拠していなくても、税務申告さえ正しく行わ

れれば特段支障はないため、中小企業のM&Aにおいて企業結合会計を
厳密に適用しているケースは少ないのが実態である。

(2) 企業結合会計の概要

①二つの会計基準の関連性

　M&Aでは当事者は複数いるため、下記のように売主側と買主側それ
ぞれの会計基準として二つ用意されている。その二つの会計基準の詳細
版として、適用指針が用意されている。

分類　　　　　　会計処理者	当事者	その株主
企業結合（買主側） 事業分離（引受側）	企業結合会計	事業分離会計
事業分離（売主側）		

②時価売買か簿価引継か

　株式取得と事業譲渡であれば、通常の売買であるため"時価"取得扱
いとなり、特に会計処理で困る事項はない。問題は、それ以外の手法の
場合である。下記のとおり、M&Aで資産及び負債が他の会社に移転し
た際には時価評価して時価計上することになるが、特定の場合は時価評
価せずに"簿価"のまま移転させることになる。留意点としては、どち
らにするかは会計も税務も、任意選択ではなく、要件に合致していれば
強制適用となることである。

【原則的な会計処理】

形　　態	時価か簿価か			
株式取得	買主	：時価計上	売主	：時価売却
事業譲渡	買主	：時価計上	売主	：時価売却
会社分割	引受側	：基本は時価計上	切離し側	：基本は時価売却
合　　併	吸収側	：基本は時価計上	消滅側	：（N/A）
株式交換	上位側	：基本は時価計上	下位側	：（N/A）
株式移転	上位側	：基本は時価計上	下位側	：（N/A）

　以前は、日本においては「対等合併」という言葉に代表されるように、どちらかがどちらかに買収されたといったイメージを嫌う風潮が強かったため、当初制定された企業結合会計でも簿価引継処理を認める余地があったが、国際会計基準との整合性を考慮し、その余地はなくなった。

　つまり、現在の企業結合会計基準は、原則時価売買であり、下記の場合にのみ簿価引継が認められている。なお、会計基準上は、時価売買の処理を「パーチェス法」、簿価引継の処理を「持分プーリング法」と定義しているが、一般的にはあまり認知されていないため、本書においても使用していない。

【簿価引継が認められる場合】

共同支配企業の形成	複数の会社が契約に基づき共同で支配すること。例えば、大規模工事のJV契約による事業体の形成。
共通支配下の取引	企業結合の前後で、同じ株主に支配されている状態に変化がないもの。例えば、親会社と子会社の合併、子会社同士の合併。

③税法との関係

　税法上は適格組織再編税制が制定されており、会計処理とは全く関係ないところで、時価売買か簿価引継なのかを判断することになる。つまり会計処理は時価売買だが、税法上は簿価引継といったことやその逆の場合もよくある。税法上で時価売買と見做されると売却益の場合には税金が発生する。

　このため、中小企業のM＆Aでは、企業結合会計基準に基づいた判断よりも税法の扱いに沿って会計処理することが多い。なぜなら、先述したように、企業結合会計基準に準拠していなくても支障がないからであり、税法と同じ扱いで会計処理しておいたほうが煩雑ではないからである。

　なお、中小企業の事業承継のためのM＆Aにおいては、組織再編行為であっても売買決済は現金で精算されるため、ほとんどのケースで会計上も税務上も時価取引が強制される。このため、会計上も税務上も、そ

れほど論点があるわけではない。

　一つだけ検討すべき点は、資本の部の処理である。

　資本の部とは、決算書における「資本金、資本準備金、その他資本剰余金、利益準備金、繰越利益」であり、税法における「資本金、資本積立金、利益積立金」である。特に、地方税における“資本金等の額”の扱いが少し複雑であり、M＆Aでの資本の部の会計処理によっては税額に影響することがある（つまり、税金上有利になる場合がある）。

　資本の部の扱いは、法体系上、上位に位置する会社法が優先される。会社法では詳細は規定されていないため、会社法が準用している企業結合会計基準のみが参照できる指針となる。

(3) 手法別の論点

（注）以下、すべて第三者との取引を前提としている。

①株式取得

（ア）会計処理

【前　　　提】売手（オーナー個人）の保有株式のすべてを売却
　　　　　　　簿価100　⇒　売却額150

【会計処理】

買　手		売手(オーナー個人)	
(借)有価証券　150	(貸)現金　150	(借)現金　　150	(貸)有価証券　100
			売却益　　50

　一般的なモノの売買と同様の会計処理をすることになる。

　1点だけ留意すべき点としては、購入に際しての費用（仲介手数料、企業調査費用）が有価証券の取得価額に含まれることである。企業調査（デューデリジェンス）については、買収を検討するための事前調査であるため購入に際しての費用として扱われるケースが多いが、場合によっては買収に直接関係しないと判断して取得原価に含めないケースも稀にある(例えば、買収に直接関係しない市場調査だけである場合など)。

　なお、連結財務諸表においては、当該購入付随費用は費用計上とされているため、連結決算上、資産から費用に振り替えている（国際会計基準との整合性のため）。

（イ）税務との関係

　税務上で留意すべき点は、二つある。まず一つ目は、買収金額の妥当性である。会計処理がどうであれ、税務上、高額譲渡又は低額譲渡と見做されれば、寄付金や贈与として課税されるリスクがある（詳細は別途記述）。

　二つ目は、購入に際しての費用の取り扱いである。実質は仲介手数料であるのに、契約書の名目や内容を変えて、業界分析や企業分析といったコンサルティング契約にして、費用（損金）にしてしまう会社がある。意図的な脱税になってしまうので、こういった行為は避けなければならない。

②事業譲渡

（ア）会計処理

【前　　提】資産の簿価100　⇒　時価　　140

　　　　　　負債の簿価100　⇒　時価　　100

　　　　　　簿外負債　　0　⇒　負債認識　30（注）

　　　　　すべてまとめて、30で売買

　　　　　（注）税務上は負債として認識できない引当金と仮定

【会計処理】

買　手				売　手			
（借）資産	140	（貸）負債	100	（借）負債	100	（貸）資産	100
のれん	20	引当金	30	現金	30	売却益	30
		現金	30				

（イ）税務との関係

　税務上で留意すべき点は、会計上と税務上で認識できる資産及び負債が異なることである。

　特に負債勘定に大きく差異が出る可能性がある。中小企業においても、賞与引当金や退職給付引当金といった税務上は認められていない引当金を計上している会社がある。あるいは、売手は計上していないが、買手において買取時に認識する場合もある。会計処理上は負債認識しても、税務上は負債認識できないため、すると差額概念である“のれん”の金額が、会計と税務で異なることとなる。

　上記（ア）のケースでは、税務処理での想定上の会計処理は以下になる。

【税務処理での想定上の会計処理】

買　手				売　手			
（借）資産	140	（貸）負債	100	（借）負債	100	（貸）資産	100
		のれん	10	現金	30	売却益	30
		現金	30				

　上記仕訳は、実際の会計仕訳としては起票されることはない想定上の仕訳である。“のれん”は、本来の会計処理では資産側（プラス）で計上されているが、税務上は引当金が認められないため、“のれん”は逆に負債側（マイナス）で計上されることになる（なお、税務上の正式な名称は“負ののれん”ではなく“差額負債調整勘定”という）。

　するとどうなるかというと、会計処理上はその後に償却費として「費用」が発生することになるが、税務上はそれとは逆に償却計算で「利益」が発生してしまうことになる。これにより、当初想定しなかった税金が発生してしまうことがある。

　なお、買収金額の妥当性と購入に際しての費用の取り扱いについては、株式取得の留意点と同様である。

③会社分割

（ア）会計処理

【前　　　提】資産の簿価 120　⇒　時価　　 150

負債の簿価 100　⇒　時価　　 100

簿外負債　 0　⇒　負債認識 30（注）

すべてまとめて、50 で売買

（注）税務上は負債として認識できない引当金と仮定

【会計処理】①対価として株式を発行してもらう場合（売手の会社が取得）
～分社型分割～

買　手				売　手			
（借）資産	150	（貸）負債	100	（借）負債	100	（貸）資産	120
のれん	30	引当金	30	有価証券	50	売却益	30
		資本金等	50				

【会計処理】②対価として株式を発行してもらう場合（売手の株主が取得）
～分割型分割～

買　手				売　手			
（借）資産	150	（貸）負債	100	《会社》			
のれん	30	引当金	30	（借）負債	100	（貸）資産	120
		資本金等	50	資本金等 50		売却益	30
				《株主》			
				（借）新株式	＊＊	（貸）旧株式	＊＊
						売却益	＊＊
				（注）旧株式の一部が精算されて新株式に振り替わったとみなす			

【会計処理】③対価として現金でもらう場合（売手の会社が取得）
～分社型分割～

買　手				売　手			
（借）資産	150	（貸）負債	100	（借）負債	100	（貸）資産	120
のれん	30	引当金	30	現金	50	売却益	30
		現金	50				

【会計処理】④対価として現金でもらう場合（売手の株主が取得）
～分割型分割～

買　手				売　手			
(借)資産	150	(貸)負債	100	《会社》			
のれん	30	引当金	30	(借)負債	100	(貸)資産	120
		現金	50	資本金等	50	売却益	30
				《株主》			
				(借)現金	50	(貸)旧株式	**
						売却益	**
				(注)旧株式の一部が売却されたとみなす			

　まず、分割を受け入れる側（買手）が、対価として株式を発行して割り当てるのか、現金を支払うのかで大きく異なる。現金で支払う場合には、新株発行しないため、資本金等は増加しない。

　次に、対価を受け取る側（売手）であるが、誰が受け取るかで大きく異なる。売手の会社が受け取る場合（分社型）であれば、受け取った対価である有価証券か現金かで処理される。売手の会社のオーナー株主が受け取る場合（分割型）であれば、売手の会社自体は何も受け取らないため、純資産を減らしただけとなり、"資本金等"を減らす会計処理となる。

　なお、"資本金等"は、原則、資本金、資本準備金、その他資本剰余金のうち分割契約書で定めた金額とする。また"売却益"については、第三者に支配権が移転するため「取得」と判断され移転損益を認識することになる。株主側においても、支配権を喪失することになるため、移転時に一旦投資精算するとして移転損益を認識するとされている。

（イ）税務との関係

　税務上で留意すべき点は、資本金等の額の取り扱いである。

　会計と税務で、資産及び負債の認識が違うことは事業譲渡の箇所で説明したが、その結果として、純資産の金額が会計と税務で異なってくる可能性がある。買手側が株式発行する場合には、純資産に相当する金額を資本金、資本準備金、その他資本剰余金のいずれかで増加させる会計処理をする。会計上は、"会計上の純資産"を当該三つの科目のいずれか

に計上するが、税務上は"税務上の純資産"が内訳に関係なく資本金等の額となる。問題は、非上場会社の株式を発行する場合に、買収交渉での評価額と、税務上の評価が異なる場合に、どちらの金額で純資産の会計処理をするかで純資産の金額が想定したものと異なってしまう点にある。

　税務上の純資産である資本金等の額は、税金計算では重要な要素であり、この金額を基準として均等割税額が変わってきてしまう。つまり、均等割は、税務上の資本金等の額と会計上の資本金及び資本準備金との比較で、大きいほうの金額を基準として算定するため、場合によっては想定していた税額よりも多額になってしまうことがある。

　なお、会計上と税務上で認識できる資産及び負債が異なる点については、事業譲渡の留意点と同様であるが、会社分割においては組織再編税制の適用を受けるため、特殊な負債計上が可能となる。また、分割型分割での株主における売却益認識は、株式のみの交付であれば、税務上は益金とされない。

④合　併

（ア）会計処理

【前　　　提】資産の簿価120　⇒　時価　　150

　　　　　　　負債の簿価100　⇒　時価　　100

　　　　　　　簿外負債　　0　⇒　負債認識　30（注）

　　　　　　　すべてまとめて、50で売買

　　　　　　　（注）税務上は負債として認識できない引当金と仮定

【会計処理】①対価として株式を発行してもらう場合

買　手			売　手		
（借）資産	150	（貸）負債　　　　100	《会社》		
のれん	30	引当金　　　　30	消滅		
		資本金等　　　50	《株主》		
			（借）新株式	**	（貸）旧株式　　　**
					売却益　　　**

【会計処理】②対価として現金をもらう場合

買　手				売　手			
(借)資産	150	(貸)負債	100	《会社》			
のれん	30	引当金	30	消滅			
		現金	50	《株主》			
				(借)現金	50	(貸)旧株式	＊＊
						売却益	＊＊

　合併においても、第三者に支配権が移転するため「取得」と判断され移転損益を認識することになる。つまり、一旦投資精算するとして移転損益を認識することになる。

（イ）税務との関係

　税務上で留意すべきは、合併は典型的な組織再編手法であるため、組織再編税制上の論点そのものである。代表的な論点として繰越欠損金の取り扱いがある。また、会計上と税務上で認識できる資産及び負債が異なる点については、事業譲渡の留意点と同様である。

　なお、株主における売却益認識は、株式のみの交付であれば、税務上は益金とされない。

⑤株式交換

（ア）会計処理

　株式交換においても、対価として現金を用いることもできるが、その場合は一般的な株式取得と同じになるため省略し、以下では対価として株式のみであることを想定した会計処理を示している。

　この場合も、売手の株主は支配権を喪失することになるため、一旦投資精算するとして移転損益を認識することになる。

【会計処理】対価として株式を発行

買　手	売　手
(借)有価証券　　**　　(貸)資本金等　　**	《会社》 　変わらず
	《株主》 (借)新株式　　**　　(貸)旧株式　　** 　　　　　　　　　　　　　売却益　　**

（イ）税務との関係

　税務上で留意すべき点として、売手側（つまり子会社になる側）の資産の含み益に課税されてしまうことである。組織再編税制の特徴的な論点である。

　なお、株主における売却益認識は、株式のみの交付であれば、税務上は益金とされない。

⑥株式移転

（ア）会計処理

　株式移転においても、対価として現金を用いることもできるが、それを採用することはないと思われるため省略し、以下では対価として株式のみであることを想定した会計処理を示している。

　この場合も、売手の株主は支配権を喪失することになるため、一旦投資精算するとして移転損益を認識することになる。

【会計処理】対価として株式を発行

買　手	売　手
《新設会社》 (借)有価証券　**　　(貸)資本金等　** 　　有価証券　** 《買手会社》 　変わらず	《会社》 　変わらず 《株主》 (借)新株式　　**　　(貸)旧株式　　** 　　　　　　　　　　　　　売却益　　**

（イ）税務との関係

　税務上で留意すべき点として、売手側（つまり子会社になる側）の資産の含み益に課税されてしまうことである。組織再編税制の特徴的な論点である。

　なお、株主における売却益認識は、株式のみの交付であれば、税務上は益金とされない。

第4章
Ｍ＆Ａの進め方

1．スケジュール

(1) 中小企業のM＆Aの特徴

　M＆Aのスケジュール（手順）自体は、中小企業と大企業とで異なる点はない。そもそもM＆Aには、こうしなくてはいけない、といったルールはないため、臨機応変にスケジュールを組めばよいし、省略してもよい作業もある。

　中小企業のM＆Aで特徴として挙げられることは、お互いをよく知らない（あるいは全く知らない）M＆Aが多いことである。中小企業のM＆Aは、さまざまな理由で、その多くが短期間での相手探しになる。そのため、その短期間に自分だけで相手を探すのは極めて困難であるため、㈱日本M＆Aセンターといった仲介会社の存在が必須となってくる。特に中小企業のM＆Aは、相手も中小企業になることがほとんどであるため、近隣エリアにどういった会社があるのか、どの会社に買収意欲があるのかといった情報は、仲介会社でないと入手できない。

　一方の大企業同士のM＆Aであれば、切羽詰まった状態ではなく、比較的長い期間に検討されるM＆Aであり、メインバンクやファンド等の紹介や経営者の集まりの中で意気投合した業界再編といったM＆Aが多く、その場合には仲介会社はあまり必要とされない。

(2) 仲介会社とアドバイザーの違い

　M＆A初心者である中小企業の経営者がM＆Aを進めるためには、それを取り仕切る第三者が結局は必要になる。そういった第三者がいないと、交渉の途中で感情的な対立が生じたり、M＆A実行後に様々なトラブルが発生することが多い。第三者に頼むとそれなりの報酬を支払う必要があるが、トータルで見れば第三者に入ってもらったほうが安上がりになることも多い。

　M＆AアドバイザーやM＆Aコンサルタントといった業者は、ネット検索すれば無数にヒットするが、では仲介会社とM＆Aアドバイザーの違いは何であろうか。この違いを理解しておかないと、相手との交渉時

に違和感を覚えることになるため、十分に理解し、同時に相手にも理解してもらわないといけない。

【仲介会社】

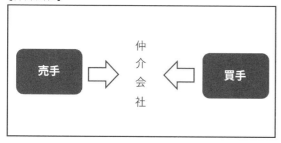

【アドバイザー】

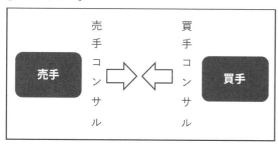

　図にすると、上記のようになる。矢印を見ていただければわかると思うが、仲介会社の場合には矢印が直接ぶつからないが、アドバイザーの場合はぶつかっている。これは、交渉時の意見のぶつかりを意味するが、仲介会社は売手と買手の双方を代理して交渉をまとめるため、売手と買手で意見が対立しても、仲介者としてはそれをうまくまとめようとする。例えば、買収金額で折り合いがつかない場合、仲介会社としては双方を説得し、お互いが納得する点を見出そうとする。

　一方で、アドバイザーは、売手と買手にそれぞれ別のコンサル会社が味方としてつくため、アドバイザー同士で喧嘩しながら交渉を進めることになる。場合によっては、案件を破談（「ブレイク」という）させても構わない前提で交渉してくることもある。例えば、買収金額で折り合いがつかない場合、アドバイザーとしては相手を論破して自分の顧客の要望を通すことが仕事になる。

この点が大きな違いでもあり、根本的な立場の違いである。民法上にも規定があるが、仲介業務は「双方代理の禁止」として、基本的には禁止されている。

民法108条
　同一の法律行為については、相手方の代理人となり、又は当事者双方の代理人となることはできない。ただし、債務の履行及び本人があらかじめ許諾した行為については、この限りでない。

　もちろん、㈱日本M＆Aセンターに代表される仲介会社もこの法律は認識しており、民法108条ただし書きにあるように、売手及び買手に事前に説明して納得してもらい、書面で承諾をとっている。しかしながら、M＆A初心者である中小企業の経営者にとっては、双方代理とは何かとか、そのメリット・デメリットを理解するのは難しいと思われるため、以下に簡単に列挙した。中小企業の経営者は、これを十分に理解して、双方代理にするのか、お金をかけてアドバイザーを雇うのかどうかを十分に検討してもらいたい。

	メリット	デメリット
仲介会社	・仲介料とアドバイス業務がセットになるため、お値打ちになる ・案件が成立する可能性が高まる ・両社が円満になるようにしてくれる ・破談になっても、次を紹介してくれる	・希望した値段及び条件にならないかもしれない ・相手の会社のことばかり考えているのではないかと疑念が生じることがある（実際はそうでなくても）
アドバイザー	・希望した値段及び条件に近くなるかもしれない ・自社のことだけ考えてくれる	・多額の報酬が必要となる ・仲介料は別途必要である ・破談する可能性が少し高くなる ・相手が怒り出す可能性がある

【コラム】最後は馬力

　日本国内でM＆Aが流行ったのは2000年前後であるが、それまでは上場会社のM＆Aであっても普通に双方代理が行われていた。

　しかし、ある大企業同士の合併の際に、合併比率に対して株主が反対をし、仲介業務をしてしまった大手証券会社が双方代理の件で大問題となった経緯があり、それ以降は上場会社のM＆Aで双方代理になるような仲介業務をする会社はほとんどなくなったのである。

　一方で、中小企業のM＆Aでは双方代理としての仲介業務によるものが多い。その理由は、中小企業のM＆Aは成立させなければならない事情がいろいろとあり、条件交渉ではなくて、いかに条件を合わせるかが重要だからである。

　なお、仲介会社もアドバイザーも、直接の担当者の力量によるところが大きい。M＆Aは交渉事であるため、最後は馬力がものを言う。多少、強引な人でないとまとまるものもまとまらないことが多く、組織というよりも担当者に顧客が付いていることもある。

(3) 具体的なスケジュール

【12月中から作業開始し、4月中に契約締結を想定】

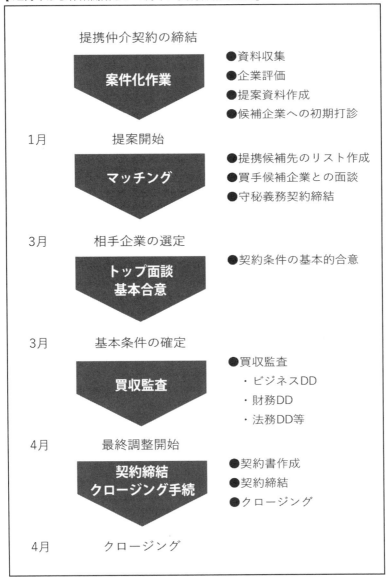

提携仲介契約の締結

案件化作業
- ●資料収集
- ●企業評価
- ●提案資料作成
- ●候補企業への初期打診

1月　提案開始

マッチング
- ●提携候補先のリスト作成
- ●買手候補企業との面談
- ●守秘義務契約締結

3月　相手企業の選定

**トップ面談
基本合意**
- ●契約条件の基本的合意

3月　基本条件の確定

買収監査
- ●買収監査
  - ・ビジネスDD
  - ・財務DD
  - ・法務DD等

4月　最終調整開始

**契約締結
クロージング手続**
- ●契約書作成
- ●契約締結
- ●クロージング

4月　クロージング

　大まかなスケジュールは上記のとおりであるが、仲介会社がおこなう作業の詳細も記載すると下記のようなスケジュールになる（以下、買収監査を「DD」と記載する）。

【作業詳細版】

No	項目	中項目	詳細
1	案件化作業		
		・案件化準備	キックオフ・ミーティング
			資料収集
		・案件化作業	企業評価
			提案資料作成（企業概要書の作成）
			候補企業の検討及び絞り込み
		・候補先企業へのアプローチ	候補企業への初期打診
			定例ミーティング/打診結果報告
			候補企業からの質疑応答対応
2	マッチング		提携候補先のリスト作成
			候補企業との面談（意向確認のため）
3	トップ面談・基本合意		
		・候補先企業との面談	候補企業との面談（基本合意のため）
			意向表明書等の受領
		・基本合意書の締結	独占交渉先の選定
			基本合意（LOI）内容調整
4	買収監査		
			DD資料準備
			DD体制の構築、調査対応
5	契約締結・クロージング手続		
		・契約締結	譲渡価格の検討
			契約内容の検討
			クロージング日の調整
			契約締結
		・クロージング	クロージングDD
			資金決済等

２．各スケジュールに関する留意事項

(1) 各スケジュールの内容及び用語説明

スケジュール／用語	説　明
提案資料 （案件化段階）	案件化作業の段階では、売手企業を特定されない程度の簡単な会社案内書を作成する。具体的には、事業内容、所在地、売上高、従業員数、売却手法、譲渡理由、特徴を簡単に記載したものである。
提案資料 （マッチング段階）	マッチング段階では、より詳細な売手企業の情報を作成する。社名も明かされるため、守秘義務契約締結後となる。具体的には、"ヒト・モノ・カネ・ビジネスモデル"に関するデータに加え、買収した際に得られるメリットが書かれることになる。
企業評価 （案件化段階）	入手可能な情報に基づいて算定するため、まずは簿価純資産＋営業権で算定することが多い。営業権の算出は、超過利益（過去の平均利益から一般的な利益を控除したもの）の数年分を掛けた金額となる。業界ごとに別々の年数を掛けるため、所属する業界及び時代の変遷によって金額は大きく変わる。 　通常、案件化段階では詳細なリスク情報は得られていないため、企業評価額はその後の状況によって大きく変動する。
企業評価 （最終契約段階）	DD の結果を反映した評価がおこなわれる。営業権評価に加えて、利益倍率法（EBITDA 倍率法）でも算出される。 　DD 及びその他の調査は、基本的にはマイナス面を把握するのが目的であるため、それを反映すると企業評価額は当初の金額よりも下がることが多い。これらの評価額を踏まえて、両者で協議することになるが、お互いがどこかで妥協することになる。 　中小企業のM＆Aにおいては、企業評価額よりも、オーナーの手取り額を意識するため、役員借入金の返済方法や役員退職慰労金などを絡め、それに関係してくる税金も考慮して、トータルの手取り額で判断されるため、企業評価額もそれに沿った形に修正されることが多い。

トップ面談 （マッチング段階）	まずは挨拶程度のトップ面談ではあるが、お互いそれなりに意欲があって面談するので、中小企業の場合、トップとして全権があることもあり、最低限の条件（金額や従業員等の扱い）は要望を伝えることになる。 　仲介会社も同席するが、M＆Aをしたい背景などは全員がある程度は知っている状況であるため、単刀直入に質疑応答をするほうがよい。
トップ面談 （最終契約段階）	諸条件については仲介会社の調整によりほぼ決着した段階であり、最終的な確認の意味での面談となる。 　中小企業の経営者同士の場合、感情的な場面も出てきてしまうかもしれないが、最後のケジメとして公式な形で実施してもらいたい。
意向表明書	必須の書類ではないが、買主候補者が"買いたい"と明確に意思表示する最初の段階での書類である。具体的には、現時点で想定している買収金額、期限、独占交渉権の明記である。その他、従業員の取扱いや役員退職金といった詳細条件まで記載するケースもあるが、この段階で詳細な諸条件を文書として残さないほうがよいと思われる。 　もちろん、意向表明書は単なる"意向"であるため、基本合意書や最終契約書において変更することはできる。しかし、変更する場合にはその合理的な理由がないといけなくなるため、実際には意向表明書はそれなりの拘束力を持つことになってしまう。このため、意向表明書は安易に作成してはいけないし、想定外の好条件の意向表明書を受け取った場合には、何か隠れた別の理由があるのではないかと疑ってかからないといけない。
基本合意書（LOI）	最終契約の前段階で、基本的な事項について合意しておく書面である。これと同時に、守秘義務や独占交渉権を付与することもある。具体的には、現時点で判明している事項を踏まえた買収金額、諸条件、今後のスケジュールといったことを記載する。 　基本合意書であっても、法的拘束力を持たせるようには作成しないのが一般的である（法的拘束力を持たせる個別の条項は入る）。意向表明書との違いは、単なる一方的な"意向"であるのと、両者が協議した"合意"の

	違いであり、基本合意書に記載すると、合意後に変更することはさらに困難になる。このため、意向表明書以上に、相当慎重に作成しなければならない。 　なお、M＆A業界はもともと欧米の手法を輸入しているため、アルファベットや片仮名を使用することが多い。基本合意書はLOI（Letter of Intent）とかMOU（Memorandum of Understanding）と呼ぶことが多いが、M＆A初心者はアルファベットに怯んでしまうことが多いため、その場合には遠慮なく日本語表記にしてもらえばよい。
最終契約書	意向表明書や基本合意書とは異なり、法的拘束力のある書面になるため、法律には素人である経営者であっても、契約条項はすべて目を通し、理解しておかないといけない。口頭約束したとしても、必ず契約書に明記されているかどうかを自分の目で確認しなくてはならない。 　一つ注意すべき点は、「表明保証」条項である。表明保証とは、売手が買手に対し、最終契約の締結日や譲渡日等において、対象企業に関する財務や法務等に関する一定の事項が真実かつ正確であることを表明し、その内容を保証する条項である。つまり、売手自身も知らなかったことが、買収後に発覚して損失が発生した場合、売手が賠償することになる条項である。この条項は、M＆Aにおいて、必ず付帯する条項であり外すことはできない。仮にDDで見つからなかったとしても、すべて売手が賠償することになる。ということは、結果的にはDDしようがしまいが、すべてのリスクを売手が保証することになるのである。 　ちなみに、この表明保証に備える保険商品もあるようである。
クロージング	クロージングとは、M＆Aでの経営権の移転を完了させる最終的な手続をいう。株式譲渡の場合は、株券の引渡とその対価の支払、役員の改選・選任等がクロージングとして必要な手続となる。 　その他、場合によってはクロージングDDを実施し、当初DDを実施した時点の決算書と大きな差異がないか確認することもある。大きな差異があった場合には買収

| | 金額を減額するという条件を最終契約書に付加していることもある。例えば、当初 DD 時点の純資産とクロージング DD 時点の純資産の減少分を減額するなどである。 |

⑵　中小企業のM&Aにおいて最も重要なスケジュール

　このスケジュール（「作業詳細版」）のうち、何が一番重要で時間がかかるかというと、No 1 と 2 である。

　「売りたい」「買いたい」という会社は全国には相当数あるが、それをうまくマッチングするのは非常に難しい。マイナス面を隠して売買させてしまうことも可能かもしれないが、㈱日本M&Aセンターのような全国展開している仲介会社であれば、そのようなことをしてしまうとその後の評判が悪くなってしまい商売に支障が出てしまう。このため、仲介会社としてはM&A実施後も両社（売手、買手、従業員）にとってよかったと言われるようなマッチングをしないといけない。そのためには、事前に詳細な情報を把握・分析し、どのようなプラス面とマイナス面があるかをすべて相手に開示し、それを相手に納得してもらわないといけないため、そう簡単にはマッチングはできない。

　むやみやたらと候補になりそうな会社に突撃していく仲介会社もあるかもしれないが、やはり事前に候補先企業のことを調べあげて、これはと思う企業にあたりを付けてから初期打診しないと、成功率は上がらないし、相手に対して失礼になる。

　このように、仲介会社には、情報収集力、分析力、情報発信力、行動力、決断力が必要であり、比較的規模が大きく、会計事務所や金融機関等との情報ネットワークを構築している仲介会社のほうが有利なことが多く、中小企業にとっても頼りになるのである。

　なお、個人又は少人数規模で仲介業務をおこなっているコンサルタントもいるが、中には驚異的な情報量と行動力を持っている人もいるため、そういったコンサルタントを利用したほうがよいケースも当然ある。

⑶ スケジュール上のトラブル事例
①案件化段階
・仲介会社の中には、最初の案件構想段階で売主オーナーが大事にしている事項（優先順位）を明確にできず、結果として希望と異なるマッチングが行われてしまった。

・事前の企業概要書の作成やリスク情報の収集が十分ではなく、その後の段階において大きな問題が突然発覚し、両者の信頼関係が壊れてしまった。

・案件構想段階で売主の会社のキーマン（いわゆる番頭さん）に対してヒアリングができなかった。社長とキーマンの関係が不仲になってしまったことが譲渡理由であったことを事前に把握できておらず、結局そのキーマンの反対にあい途中で破談となった。

・事前の調査において、業界特有のリスク（土壌汚染、労働組合等）の把握が不十分になってしまい、M＆A実施後に想定外の損失が実現してしまった。

・株主と代表取締役が同一人物ではないケースで、てっきり両者は意思疎通していると思っていたが実はそうではなく、そうとは知らずに代表取締役と密に打ち合わせを行っていたところ、その株主が立腹して案件は中止となった。

②マッチング段階
・仲介会社の中には、売主オーナーの意向を無視して暴走気味になるところもある。例えば、買主候補への打診に関しては売主オーナーの承諾を得てからする必要があるにもかかわらず、売主オーナーの承諾を得ないで接触し、買主候補は関心を持ったが、売主オーナーはこの買主候補者には売りたくないとなり、買主候補からクレームとなることもある。

・買主候補に、当初の打ち合わせどおりの売主オーナーの希望条件を伝えたが、売主オーナーは相手が興味を持った途端「もっと高く売りたい」と株価増額を求め、商談は破談となった。

・最初に依頼した仲介会社が、自分のネットワーク内では相手探しができず、他の協力会社等に提案を依頼したことで、情報漏洩がおきた。

・最初に社名を明かさずに提案する際、関係者であれば当該企業が特定できるような情報を伝えてしまい情報漏洩がおきた。

③トップ面談・基本合意書段階

・トップ面談において、買主が「なぜ売るのですか？　売らなくてもいいのじゃないですか？」と売主オーナーに直接聞いてしまい、売主オーナーの複雑な心境を逆なでして感情的になりその場で破談となった。

・トップ面談において、売主オーナーが自社のことを良く見せようと、買主に対し自社のPRを過剰にしたことにより逆に不信感を抱かれ、破談となった。

・買主は大手上場企業、売主オーナーは80代であった。トップ面談中、買主側担当者がパソコンで議事録をその場で作成していたのだが、売主オーナーはその行為は礼を失するものだという価値観の方であり、憤慨してその場で破談となった。

・売主オーナーが面談にて、自社（売主企業）の社員の悪口を言うことで、企業風土に疑念がわき破談となった。

・基本合意書の内容を詰めずにDDを実施したが、DDにて想定外に論点が多く出てきてしまい破談となった。

・基本合意書の締結を急ぐあまり、重要な内容を売主オーナーが見逃してしまい、最終契約書のやり取りのときにトラブルになってしまった。

④買収監査段階

・訪問日時を買主経由で事前に調整して決めて、DD当日に売主である会社に訪問したが、玄関で追い返された。売主が売る気がなくなったとのことであるが、買主との感情的な対立があったようである。

・会社を売るということを従業員に言えず、DDは土日に実施することになった。さらに、念には念を入れて、外から鍵が掛けられる部屋に通されたのだが、実質、監禁状態になってしまった。

- 売主オーナーはM＆Aに乗り気であったが、会社幹部はほとんどが反対していた。DD時も、質問をしてもその幹部は回答してくれない、話をしても買主の悪口ばかりと、DDの実施を妨げていたが、その人はM＆A完了後は退職に至った。
- 複雑な事業構造であり、会計処理も難解で、会社担当者自身もわからないものであったが、結果的にDDでも含み損（将来発生する損失）を発見できなかった。M＆A後、その損失が実現してしまい、その損失についての損害賠償を誰が負担するのかで弁護士も交えて協議となってしまった。
- 売主が意図的に粉飾をしており、そのための資料（契約書など）も作成して発見できないようにしていた。M＆A後にその嘘が発覚し、訴訟となった。

⑤契約締結・クロージング手続段階

- DDで問題点が発見されたが、両者の協議においてその点は買主の了承事項とした（口頭約束）。しかし、最終契約書にその点を表明保証除外事項（つまり売主は責任は取らない）として入れなかったために、M＆A成就後に表明保証違反で買主が売主オーナーに提訴した。
- 契約を優先するあまり、最終条件を増やしすぎた結果、クロージング条件を満たすことができず破談となった。
- 主要取引先の同意を取得するという条件をクロージング条件としたところ、売主オーナーが一人だけで主要取引先の同意を取りにいった。売主オーナーから、主要取引先M＆Aの同意を得たという口頭のみの報告を元に譲渡代金の決済をしたが、実は同意はとれておらずトラブルとなった。
- 賃借物件の地主から同条件での継続利用の了承を取るという条件をクロージング条件としたところ、地主からは"売主オーナーだから安い賃料にしていた"と主張され、賃上げを要求してきた。
- M＆Aの実行時に従業員に開示を行った際、売主オーナーが実は従業員への承継を促していたことが発覚し、従業員が反発して離反が起きた。

3．企業調査（デュー・デリジェンス）とは

⑴ 意　味

　基本合意書を結んでいる段階で、ある程度、相手の会社がどういった会社なのかは理解しているだろうが、具体的に資産負債の内容、過去損益の推移、従業員の給与体系、簿外債務の有無といった詳細は把握していないことが多い。当然、こういった情報は社外秘であるため知りようがないが、相手の会社を買収するためには、こういった詳細を知る必要がある。これらの調査全般をＭ＆Ａにおいては「企業調査」とか「買収調査」あるいは「買収監査」と言ったりする。そして、Ｍ＆Ａ業界はカタカナ用語を多用するため、「デュー・デリジェンス」とも言っており、現状ではこのカタカナ用語を用いるケースがほとんどのようである。さらに、その英単語の頭文字を取って「DD（ディーディー）」又は「デューデリ」とも言われる。

　デュー・デリジェンスは、英語の（Due Diligence）をそのままカタカナで発音しており、その単語を翻訳すると「正当な注意義務」という意味となる。あるいは、「勤勉に調べる」とも直訳できる（以下、「DD」と記載させてもらう）。

⑵ 目　的

　中小企業のＭ＆Ａでは、社長が直接Ｍ＆Ａを指揮するケースが多いが、その社長にとっては初めてのＭ＆Ａであるケースが多い。もちろん、他の会社を買収しようとするような社長は経営感覚が鋭いため、どういった観点で相手の会社を評価すべきかを心得ているが、それでもいざ「DDをやりましょう」、と仲介会社から持ち掛けられたときには、「DDって何をすればいいのか？」という疑問を持つことがほとんどである。

　上記⑴に記載したように、DD は勤勉に相手の会社を調べることであるため、"これをしなければならない"というものではない。DD の目的は、相手の会社をよく調べて、買収後のリスクを洗い出すことであるため、極端に言えば、どんなリスクがあろうが構わない、ということで

あればDDをする必要はない。筆者が経験した例としては、以下がある。

①売上数百億円で経常利益が数十億円の会社が、売上高1億円以下の
　新興企業を買収するに際して、どんなリスクがあろうが規模的に影
　響はなく、また何が何でもほしい会社であるため、DDは実施せず
　に即決で買収した。
②大企業同士のM&Aであり、お互いが法務（弁護士）、税務（税理
　士法人）、財務（監査法人）、不動産評価（不動産鑑定士）、ITシス
　テム（システムコンサル会社）、人事制度（社労士事務所）、ビジネ
　ス調査（外資系コンサル会社）といった考えられるすべてのDDを
　実施した。

　つまり、DDは買手が調査したいと思う事項を調べればよいのである
が、調べたからといってすべてのリスクが把握できることを保証するわ
けではない。調査できる期間や報酬、調査部隊の人員確保に限界がある
ため、それらの限界の中で、まさに“一生懸命調査する”、ことがDD
なのである。よくDDは消防車に例えられることがあるが、火事があり
消防車を呼んだからといって、必ず火が消えるわけではない。一生懸命
消火活動をしてくれて、結果として火が消えることもあるし、なかなか
消えないことがあるのと同じである。
　とはいっても、中小企業の経営者が初めて経験するM&Aにおいては、
財務及び税務のDDのみが行われるのが大半だと思われる。その理由は、
会社規模的にそのくらいの調査で十分にリスクを把握できるだろう、と
いうことと専門家に支払う報酬が高いためである。

(3) 実施方法
①依頼先
　上記(2)に記載したように、まずは何を調査するのかを決めなくてはい
けないが、調査対象さえ決まればそれを誰に依頼すればいいのかについ
てはそれほど難しいわけではない。とはいえ、中小企業のM&Aにおい

ては、実際には何を調査するのかを専門家に相談しながら決めることが
ほとんどであるため、そうすると DD 依頼先は下記のようになる。

調査事項	調査内容	依　頼　先
財務	【通常】 資産負債の内容調査（相続税評価と同じ方法による時価把握など） 【必要に応じて】 過去損益の内容を調査して、今後も利益が確保できるかどうかを検討	①顧問税理士 ②会計事務所（仲介業者経由） ③会計事務所（HPなどで直接電話）
税務	【税務リスクの明確化】 過去の税務処理に追徴税額が発生しうる可能性があるかを調査し、可能性がある場合には税務リスクに見合った損失を明確にする。 【M＆Aスキーム等の検討】 株式取得か、資産取得かなどのM＆Aスキームについて税額シミュレーションの比較検討や、税務上の繰越欠損金の取扱い、役員退職慰労金の支払や個人借入金の債務免除実行による税額シミュレーションの比較検討などを実施する。	同上
不動産評価	路線価や固定資産税評価額と比較すれば、大まかな含み損益は把握できるが、金額的重要性の高い不動産を持っている場合には、不動産鑑定評価を実施したほうがよい	不動産鑑定士（顧問税理士から紹介）
法務	特殊な事業の場合には、得意先又は仕入先と特殊な契約をしている場合がある。例えば、長期供給契約や長期購入契約などであり、そういった特殊な契約がある場合には、損害賠償条項が入っているケースもあるため、事前に契約書の確認が必要となる。 また、海外との取引がある場合には英文契約書となり、海外は契約文化であるため契約書のチェックは必須となる。	DDを専門でやっている弁護士、弁護士事務所に依頼したほうが望ましい。
人事関係	特に残業代の未払いについては注意しなくてはいけない。買収後に従業員から未払残業代の請求を受ける可能性があるからである。 しかし、中小企業のM＆Aでは、そもそも従業員数が少	社会保険労務士（顧問税理士から紹介）

	なく、未払残業代があったとしても総額はそれほど多額にはならない。 このため、専門家にDDを依頼するのではなく、相手経営者に質問し、確約してもらうことが多い。	
ITシステム	よほどのケースでないと中小企業のM&AにおいてITシステムのDDは実施しないが、もし両社の事業にとってITシステムが不可欠で、かつ高額なシステムが必要な場合には、当該システムに不備等がないかどうかを調査する。 買収後に、そのシステムを更新する必要があるのであれば、多額に費用が発生するため、それを買収金額に加味(つまりマイナス)する必要がある。	できれば自社のITシステム担当者がよいが、いなければ外部の業者又はコンサルタントとなる

　何を調べればいいのかわからない場合は、下記を参考にしていただきたい。概ねM&A案件の規模によって調査すべき事項が決まってくることが多い。なぜなら、専門家に支払うことができる報酬に限度があるからである（本来はそれがネックになってはいけないのだが）。留意点としては、それなりの規模のM&Aの場合には、DDをある程度専門で実施している会計事務所に依頼すべきであることと、財務DDと税務DDは本来は全く別の分野であることである。

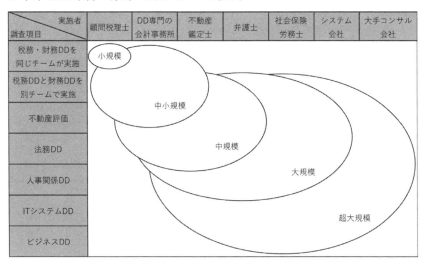

②依頼先選定時の留意点

　よほどの特殊な会社でない限り、DD自体はそれほど難しいものではないが、そうはいってもDDの経験があるかないかで調査結果は大きく変わってくるし、対象会社の業種に詳しいかどうかも大きく影響する。

　また、大企業同士のM＆Aであれば、DDで見つけられなかった問題事項が数百〜数千万円程度の影響であれば誤差範囲であるが、中小企業にとってはそれが命取りになりかねないため、大企業相手のDDよりも中小企業のDDのほうが細かく調査しなくてはならないのが実情である。

　さらに、上述したとおり、M＆A初心者である中小企業の経営者にとっては、DD依頼先がいろんな事項を調査してくれるものだと思い込んでいるケースも多く、仮に財務及び税務のみのDD契約であったとしても、それ以上のものを期待していることが多い。

　このため、やはり自社に親身になって考えてくれるであろう顧問税理士がDD依頼先としては望ましいが、顧問税理士にDD経験がないなどで引き受けてくれないケースもある。この場合には、以下の点に留意して依頼先を選定する必要がある。

候 補 者	留 意 点
大手会計事務所	・組織としては経験が豊富であり、様々な業種の経験がある。 ・基本的に大企業相手のDDを実施しているため、中小企業特有の細かな点は調査対象にしてくれないこともある。 ・DD契約書において、調査対象が明確にされているため、そこに記載されていない事項については基本的には検討しない。 ・直接現場を担当してくれる人の能力に大きく依存するため、いわゆる"ハズレ"を引く可能性がたまにある。事前に現場担当者を見極める必要がある。 ・そもそも、報酬レベルが合わないことが多い。
中堅会計事務所	・それなりに経験が豊富であり、様々な業種の経験がある。 ・中小企業特有の細かなDDの経験も豊富であるが、DD契約書において調査対象を明確にするため、それ以外の事項については基本的には調査はしない。 ・現場責任者によっては、調査対象外の事項についてもアドバ

	イスをしてくれるときがある。
	・直接知っている人か、または紹介ルートであれば"ハズレ"を引くことはないが、そうでないと結果が出るまでわからない。
個人または個人系事務所	・前職でDDを専門でやっていた人も多く、そういった人を指名で依頼できるため、コストパフォーマンスとしては良い。
	・得意とする業種が限定されるケースが多い。
	・ある程度の規模以上の会社相手だと、マンパワー的に対応できなくなる。
	・年齢とともに、知識のアップデートができなくなる。

③スケジュール調整

　DD の依頼から現場調査、その結果報告までのスケジュールは下記のとおりである（1月上旬に依頼先選定スタートと仮定）。

日　　程	スケジュール	留　意　事　項
1月上旬	顧問税理士に相談	
中旬	顧問税理士が知っている会計事務所を紹介	
	見積書提示	見積書を作成するためには、最低でも調査対象会社の決算書は必要
下旬	DD契約書締結	何を調査してくれるかについては、十分に理解しておかなくてはならない
2月上旬	DD準備開始(依頼資料リストの作成)	
中旬	相手会社に資料準備を依頼	決算時期は避けるが、とはいっても直近期末から半年以上も経過していると情報が古くなる
下旬	現地調査(3〜5日間)	従業員に見られたくない場合は、土日対応となる。あるいは現地訪問せずにデータの授受だけにして、あとは質問リストをやりとりすることも多いが、すると調査期間は長くなる
3月中旬	結果報告	通常、数十ページの報告書になるため、それをすべて理解するのに時間がかかる

　実際のDD作業自体は数日であるが、まず、先方との日程調整に時間がかかる。また、質問事項が多岐に渡るため、それに対応してもらうのにさらに時間がかかる。このため、顧問税理士に紹介を受けてから2か月はかかると思っておいたほうがよい。

④DD契約

　DD契約書は一般的には個々の調査手続きを記述し、その手続きのみを実施するという契約書になる。業界用語では「合意された手続」というが、もともとは欧米から導入された概念であり、Agreed Upon Procedures、略して「AUP」と言っている。

　訴訟社会の欧米らしい用語であるが、契約書に記載した個々の手続のみ（双方合意した手続）を実施するだけで、それ以外の手続は実施しないという意味である。つまり、実施した手続き以外のことについて、後日問題が発生したとしても、一切責任は負わない、という意味である。

　このため、どういった手続きを実施してもらうかを中小企業の経営者は事前に理解していないと契約を締結できないのだが、そもそもM&A初心者が理解するのは難しい。とはいっても DD をしなければならないのであるが、DD業務とはこういう特徴があるため、先述したようにDD依頼先の選定には十分に留意しなければならない（つまり、自社のために親身になって一生懸命、勤勉に調査してくれるかどうか）。

　では、DD契約書は具体的にどういうものか下記に示した。

業務委託契約書

　株式会社ABC社（以下「甲」という。）と税理士法人XYZ（以下「乙」という。）は、次のとおり業務委託契約（以下「本契約」という。）を締結する。

（目的）
第1条　甲は、株式会社GHI（以下「対象会社」という。）の全株式

を取得すること（以下「本件取引」という。）を検討している。そこで、甲は本件取引に関する社内意思決定の参考にするため、乙に対し、別紙Aに定められた「合意された手続」（以下、「本件業務」という。）を実施することを委託し、乙はこれを受託する。

（本件業務の内容）
第2条　本件業務の内容は、別紙Aに記載のとおりとする。本件業務は乙が提供を受けた情報又は取得した情報に基づいて行われる。ただし、当初想定していなかった事象等が発生した場合には、甲と乙は協議の上、適宜手続を変更できるものとする。

（日程）
第3条　乙は、○○年○月○日から業務に着手可能で、○○年○月○日までに報告書草案を提出見込みとする。しかしながら、対象会社の対応状況又はその他の諸事情により、当該見込みは変更される可能性がある。

（報告）
第4条　乙の作業の最終的な結果について報告書（以下、「最終報告書」という。）を作成し、甲に提出する。乙は、本件業務において最終報告書以外の本件報告の提供を甲に対して行う場合があるが、これらは作業途上のものであり、最終的な結果ではないため乙は甲（又はその他の者）に対し、これらについての責任を負わない。

2　甲は、法令により要求された場合を除き、乙の書面による事前の同意を得ることなく、甲の取締役及び本件取引に係わっている従業員並びに甲の弁護士（以下、総称して「本件関与者」という。）以外の第三者に本件報告を開示し又は利用させてはならない。

（報酬）
第5条　本件業務に係る報酬見積額は○○○円とする。報酬の他、本

件業務実施において発生する諸経費及び消費税等も別途請求するものとする。

（実費の負担）

第6条　本契約の目的達成の成否に拘わらず、乙が本件業務の遂行上必要とする実費は、甲乙が事前協議のうえ、乙の請求の都度甲はこれを支払うものとする。なお、この実費には本契約の目的達成のために乙が委任した専門家に支払う費用を含むものとする。

（秘密保持）

第7条　甲及び乙は、本契約に先立ち○○年○月○日付甲乙間で締結した秘密保持契約書（以下「本件秘密保持契約」という。）を遵守する。

（損害賠償）

第8条　本契約に基づく乙の業務により甲が損害を受けた場合における損害賠償は、甲乙協議の上誠意をもってこれを決定する。但し、この場合における乙の甲に対する責任の限度額は、甲が本件業務に関して乙に支払った業務報酬の総額とする。

（反社会的勢力の排除）

第9条　本条において用いられる用語は、次の意味を有する。

①　「反社会的勢力」とは、暴力、威力や詐欺的手法を駆使して経済的利益を追求する集団または個人をいい、暴力団、暴力団関係企業、総会屋その他暴力的な要求行為や、法的な責任を超えた不当な要求を行う集団または個人を含むものとする。

②　「特別利害関係者」とは、以下の者をいう。

イ．会社の役員（役員持株会を含む。）

ロ．役員の配偶者及び二親等内の血族（以下イ．ロ．を総称して「役員等」という。）

ハ．役員等により発行済株式総数の過半数を所有されている会社

ニ．会社の関係会社及びその役員

2　甲及び乙は、本契約締結時及び本契約の有効期間内において以下
　　の事項を表明し、確約する。

　　①　甲及び乙の特別利害関係者について、（イ）反社会的勢力また
　　　　は反社会的勢力の構成員が含まれていないこと、（ロ）資金提供
　　　　その他の行為を行うことを通じて反社会的勢力の維持、運営に協
　　　　力もしくは関与していないこと、（ハ）意図して反社会的勢力と
　　　　交流をもっていないこと。

　　②　甲及び乙が把握している限り、それぞれの主な株主及び取引先
　　　　が、（イ）反社会的勢力または反社会的勢力の構成員が含まれて
　　　　いないこと、（ロ）資金提供その他の行為を行うことを通じて反
　　　　社会的勢力の維持、運営に協力もしくは関与していないこと、（ハ）
　　　　意図して反社会的勢力と交流をもっていないこと。

　　③　その他前各号を合理的に根拠づける事実関係がないこと。

（解除）

第10条　甲と乙はいずれも、書面による通知を行うことにより直ち
　　に本契約を終了させることができる。甲と乙のいずれかが本契約を
　　終了させた場合には、甲は、終了日までに本件業務を提供するため
　　に費やされた時間に相当する報酬及び費用を乙に支払うものとす
　　る。乙による重大な契約違反以外の事由により、甲が本件業務の完
　　了前に本契約を終了させた場合には、甲は、乙が早期の終了に関連
　　して合理的に負担する追加費用を支払う。

2　前項にかかわらず、甲及び乙は、以下のいずれかの事由が生じた
　　ときは、相手方は何ら通知催告を要せず、本契約を解除できる。

　　①　本契約に違反したとき

　　②　手形又は小切手の不渡の事実があったとき

　　③　滞納処分または強制執行がなされたとき

　　④　破産等の申立がなされたとき

　　また、上記①ないし④のいずれかに該当した者は、その相手方に対

して負担する金銭債務につき、当然に期限の利益を喪失するものとし、残額を直ちに支払う。

（管轄）
第11条　甲及び乙は、本契約に起因し、またはこれに関連する一切の紛争については、○○地方裁判所を第一審の専属的合意管轄裁判所とする。

（協議事項）
第12条　本契約に定めなき事項または本件業務遂行中に疑義が生じたときは、甲乙誠意をもって協議決定するものとする。

　　上記契約の証として本書2通を作成し甲、乙記名押印のうえ、各1通を保有する。

　　　　○○年○月○日

　　　　　　　甲：（住所）

　　　　　　　　　　署名・捺印

　　　　　　　乙：（住所）

　　　　　　　　　　署名・捺印

<別紙 A ＞

合 意 さ れ た 手 続

手続番号	内　　容	
1-1	**対象会社の純資産調査**	
	＜項目＞	＜手続＞
	概括分析	✔ 概括的に貸借対照表の推移分析を実施し、著増減についてコメントする。(対象：直近終了事業年度３年分)
	在庫	✔ 店舗別、商品別の内訳を入手し、在庫の内容を把握する。 ✔ 商品別に在庫評価方法を把握し、その計算根拠資料を入手する。また、在庫の年齢表を入手する。 ✔ 上記の資料をもとに対象会社の担当者に、不良在庫、滞留在庫について質問し、コメントする。
	有形固定資産	✔ 対象会社作成資料に基づき、有形固定資産の内容を把握する。 ✔ 土地については、対象会社から入手した時価情報と帳簿価額とを比較して、評価損の金額を試算する。 ✔ なお、土地についての時価情報の資料が提出されない場合には、路線価をもとに簡便的に計算する。
	偶発債務等のオフバランス事項	✔ 保証、担保、デリバティブなどの偶発債務がないかどうかについて会社担当者に質問し、オフバランス項目があればその主要な内容を報告する。
	対象会社の損益計算書分析	
	＜項目＞	＜手続＞
	概括分析	✔ 直近３期分の損益計算書の推移分析を行い、著増減についてコメントする。
	営業外及び特別損益	✔ 直近３期分の計上内容及び発生原因を把握する。
1-2	**子会社の調査（子会社〇〇株式会社のみ）**	
	＜項目＞	＜手続＞
	在庫	✔ 商品別の内訳を入手し、在庫の内容を把握する。 ✔ 商品別に在庫評価方法を把握し、その計算根拠資料を入手する。また、在庫の年齢表を入手する。 ✔ 対象会社の担当者に、不良在庫、滞留在庫について質

		問した範囲内で、コメントする。

（注）公認会計士協会が公表している「合意された手続業務に関する実務指針」（専門業務実務指針4400）があり、監査事務所等の実務上の指針になっている。なお、上記契約書例は、当該実務指針に準拠しているわけではない点は留意いただきたい。

　契約自体は法律家の専門業務ではあるが、契約者としても基本的な契約条項は必ず理解しておかないと、後日何かあったときに自分が不利になる。DD契約も欧米実務が色濃く反映したものとなっており、以下の点を十分に理解しておかなくてはならない。

項　　目	留　意　点
業務の範囲	・子会社が複数社存在する場合、調査対象子会社は限定されるのが通常である。グループ会社すべてを調査してくれるわけではない。 ・各勘定科目別に細かく手続きが限定されるのが通常である。"当然やってくれるだろう"と思っていたとしても、契約書に記載されていなければ調査はしてくれない。 ・隠れ資産負債は調査対象科目にはならないし、そもそも見つけるのはほぼ不可能である。このため、通常は質問書に回答してもらう手続きを実施する。
旅費交通費	・新幹線出張や宿泊出張の場合には、実費請求することが通常であるが、意外と多額になる。
損害賠償	・DDの失敗があり損害が発生したとしても、賠償額は通常はDD報酬額を上限とする。上限がなければリスクが高すぎて、誰も引き受けないであろう。上限を、DD報酬額の倍、としたとしても誰も引き受けないであろう。 ・例外として、"故意または重過失"の場合は上限がなくなる。"専門家なのだから、当然このくらいはやるだろう"といったものが、果たして重過失に該当するのかどうかは不明確である。いずれにしても、「重」を取った"故意または過失"に変更してくれる専門家はいないであろう。 ・結局、DDですべてのリスクが洗い出されるわけではなく、DDがすべてのリスクを担保するわけではないので、経営者自らが調査に関わらないといけない。

訴訟管轄裁判所	・DD業者が東京であれば、仮に依頼者が地方であっても、訴訟管轄裁判所は通常は東京地方裁判所となる。DD業務は、DD業者にとって非常にリスクが高いため、何かあった場合にはDD業者が有利になるように、このような実務になっている。まず、変更することはできない。

⑤調査内容

　DD業務は、契約書において、主として決算書の勘定科目別にある程度詳細な実施手続きを記載し、それに従って手続（調査）を実施する。

　具体的には以下のような手続きを実施している。

項　目	手　　続	留意事項
規程類	・従業員や役員の退職金制度の有無	役員退職金については、規程があったとしても双方合意すれば支払う必要はない。
事業	・対象会社の強み、利益の源泉、今後の成長可能性	・基本は先方経営者に対するヒアリングに基づく調査になる。 ・この項目については、自社経営者自身が調査・把握すべきである。
簿外債務	・チェックリストに基づく直筆回答を入手 ・なお、未払残業代の有無も含まれる	簿外債務は調査しても発覚することは稀であるため、基本は先方経営者から確約書を入手し、後々簿外債務が発覚した場合には、先方経営者に補償してもらう。
現金	出納帳及び現金元帳の通査を行い、異常な入出金の有無を確認	・現金実査は通常は実施しない。 ・多額の入出金がある場合には、私的流用の可能性がある。また、残高自体が多額の場合は、実在しない可能性がある。
預金	銀行残高証明書との照合や通帳実査を行い、帳簿残高を確認	・会社預金扱いだが他人名義の預金の場合がある。
受取手形	手形台帳との照合、割引実績、ジャンプ手形の有無を確認	手形割引は実質は借入であるため、その残高を把握する必要がある。
売掛金	・得意先元帳との整合性を確認 ・滞留状況を確認 ・主要得意先の回収状況や決済条件を確認	中小企業においては、貸倒引当金は税法基準で計上しているだけであり、実際の回収可能性を検討しなくてはならない。

棚卸資産	・在庫明細との整合性を確認 ・不良在庫の把握 ・実地棚卸結果の確認 ・期末在庫評価方法の確認	・現場での在庫確認は通常は実施しない。つまり、実際にすべての在庫があるかどうかは検証できない。 ・不良在庫についても同様であり、資料及び質問の範囲内での検証しかできない。 ・中小企業においては通常は厳密な原価計算はしないないため、評価単価は仮数値となる。
有価証券	・証券会社残高証明書との照合 ・時価評価及び非上場株式の場合は簿価純資産で仮評価	非上場株式は、縁故取得のものが多く、現金化できないため、M＆Aの際にはオーナーに引き取ってもらうことも検討する。
貸付金	・貸付先の実在性、貸付した証拠、回収可能性の確認	中小企業において第三者へ貸付がある場合は、回収不能なケースが多い。
有形固定資産	・固定資産台帳との整合性を確認 ・償却計算の確認 ・路線価又は固定資産税評価額等の時価の把握	・実際に存在するかどうかの現物確認は通常は実施しない。 ・中小企業においては、税法上、償却は任意であるため、過去において償却を止めているケースがある。
担保提供資産	登記簿謄本や借入金契約書の確認	担保提供はあるが、原本である債務が計上されていない場合は、簿外債務があることになる。
売上及び売上総利益	過去推移から、どういった事業上のリスクがあるか(例えば、大口顧客のロストが頻繁にある、値引き要請が頻繁にある、製品保証コストが高いなど)を把握	・過去の検証であるが、過去の延長が将来であるため、過去推移を把握することは重要である。 ・安定収入があるように見えても、それが本来の実力なのか、あるいは特定の商品又は人物によるものなのかを見極める必要がある。
販売費及び一般管理費	過去推移から、どういった費用が発生するかを把握	・オーナー経営者関係の費用(役員報酬や交際費等)は、買収後は発生しなくなる。とはいっても、違う人が経営者になるため、その費用が代替で発生する。 ・特殊な契約に基づく支払がないかど

		うかは注意する(販売手数料、権利使用料など)。
営業外損益 特別損益	過去推移から、どういった損益が発生するかを把握	特に違約金関係の支出は将来も発生する可能性があるため注意する。
税金関係	・納税漏れや脱税の類の行為をしていないか確認 ・M&Aの手法によっては、事前に税務リスクを検討	・買収後に税務調査があり、追徴納税するケースもある。 ・事前の税務リスクを検討することにより、納税上有利な手法(合併、分割など)を選択することができる。

⑥調査結果の使い方

上述したように、DD は限定された範囲かつ手続きで実施されるものであるが、ある程度の経験者が実施する DD であれば、当該M&A案件にとって何がリスクになるのかを見つけてくれる。逆に、DD を実施したが何もなかった、ということはあまりないと思われる。

DD の意義は、リスクの把握であるので、リスクが発見されたのであれば、それを案件成立に利用する必要がある。

利用の仕方は以下のような方法がある。

DD結果	調査結果の使い方
実質債務超過であった	債務超過であれば、理論的には株価もマイナスになるため、ゼロ円売却の交渉を進める。なお、事業用不動産の時価評価で実質債務超過であったとしても、事業を継続する限りはそれが実現することはない。
保有土地に多額の含み損がある	事業に使用している土地に含み益があったとしても、事業を継続する限りは実現しないため、買収価額に加算するのは要検討である。逆に、万が一売却するとなると税金が発生するため、税金相当分を減額する必要がある。
社長個人保有の土地の上に、重要な事業用施設がある	社長から買い取る必要があるため、買収価額の一部として扱う。社長個人の借入担保からは外してもらう。
回収可能性が不明な売掛債権が多額にある	実際に回収できるかどうかは分からないため、買収金額を保留する。例えば、買収金額の半額は半年後に決済する、2年間は現社長が続投し、回収不能分は役員報

	酬又は役員退職慰労金で調整することも考えられる。
毎年の利益は非常に不安定な状態である	3年程度は現社長に続投してもらい、現状の利益を維持してもらう。役員報酬は業績連動とする。
社長が退任してしまったら、取引先との契約が継続できないかもしれない	同上
架空在庫があった	過去に購入した資産であるので、現時点の事業価値に影響はないはずだが、買収価額の計算方法によっては、当該架空在庫分を減額する。
遊休・不良資産があった	同上。又は遊休資産は社長に引き取ってもらうか、買収期日までに売却してもらう。
社長知人への回収不能の貸付金が残っている	相手がどういった人物かわからないので、社長に引き取ってもらう。
社長からの借入金が残っている	案件成立までに勝手に返済しないように、調査日残高を基準として返済をストップさせる。その後、買収金額の一部として支払うか、あるいは役員退職慰労引当金の一部として充当するか、あるいは債務免除してもらうかを決める。
過去の経費使途が不明なものが多額にある	支払先不明のものがある場合、反社会的勢力が関係している可能性もある。または、高利貸しからの簿外債務がある可能性もある。このため、使途不明金は徹底的に追及しないといけない

4. 契約書等の雛形

　中小企業であろうと大企業であろうとM&Aにおいては契約書がすべてであり、例え売手と買手の経営者同士が旧知の仲だからといって、契約書を疎かにしてはいけない。M&Aにはトラブルが付き物であり、ましてや金銭がからむトラブルになると最終的には契約書が拠り所となるため、契約書の作成は必ずプロに任せないといけない。

　以下に、基本的な条項が入った雛形を提示するが、案件ごとに入れるべき条件は違うため、その条件を法律用語に置き換えることが出来るかどうかが極めて重要である。

(1) 秘密保持契約書

　下記では、買手と売手の間の秘密保持契約を示したが、そのほかにも、買手と仲介会社、売手と仲介会社、場合によっては売手と買手と仲介会社の3社契約もある。

秘密保持契約書

　株式会社○○（以下「甲」という。）と株式会社○○（以下「乙」という。）は，甲と乙が株式取得による企業提携（以下「本検討」という。）を行うに際し、甲及び乙が相互に開示する情報の取扱いについて，以下の通り契約（以下「本契約」という。）を締結する。

第1条（秘密情報）

　　本契約における秘密情報とは、甲及び乙が、書面又は口頭その他方法を問わず、本検討に関連して開示した技術上または営業上の情報であって、開示当事者が秘密に保持すべきと表明した一切の情報をいう。ただし，次の各号の一に該当する情報については、秘密情報に該当しない。

（1）　相手方から開示を受けた時点で既に公知であった情報

（2）　相手方から開示された時点で既に自ら保有していた情報

（3）　正当な権限を有する第三者から秘密保持義務を負うことなく取得した情報

（4）　相手方から開示を受けた後，自己の責によることなく公知になった情報

第2条（秘密保持義務）

　1　甲及び乙は，秘密情報を厳重に秘密として保持し，相手方の書面による承諾なく、本契約の内容及び秘密情報を開示または漏洩してはならない。ただし，次の各号の一に該当する場合は、この限りでない。

　（1）　本検討のため合理的に必要な範囲で、自己の役員及び従業員に秘密情報を開示する場合

　（2）　甲及び乙が法令上の義務に基づいて裁判所又は行政当局に秘密情報を開示する場合

　2　甲及び乙は、前項第1号に基づいて秘密情報の開示を行った場合は、相手方に書面で報告しなければならない。

第3条（秘密情報の使用）

　甲及び乙は，本検討の目的のみに秘密情報を使用し、これ以外の目的に使用してはならない。

第4条（管理）

　甲及び乙は、秘密情報を善良なる管理者の注意義務をもって管理する。

第5条（秘密情報の返還等）

　甲及び乙は，事由の如何を問わず本契約が終了したとき、または相手方から要請を受けた時は、直ちに相手方から提供を受けた秘密

情報（複製、複写または要約されたものを含む。）の一切を甲に返還又は廃棄しなければならない。

第6条（損害賠償）
  1 甲及び乙は、秘密情報の漏洩等が生じた場合には、すみやかに相手方に対しこれを報告しなければならない。
  2 甲及び乙は、相手方が故意又は過失により本契約に違反した場合、当該違反行為により被った直接的かつ通常の損害を賠償しなければならない。

第7条（有効期間）
  1 本契約の有効期間は，本契約締結日より1年間とする。
  2 前項にかかわらず、第2条（秘密保持義務）、第4条（管理）及び第6条（損害賠償）は本契約終了後2年間存続する。

第8条（管轄）
    本契約について争いが生じたときは、△△地方裁判所を第一審の専属的合意管轄裁判所とする。

第9条（協議事項）
    本契約に定めなき事項又は疑義が生じた事項については、甲及び乙は誠意をもって協議の上、円滑に解決を図るものとする。

    本契約の締結の証として、本契約書を2通作成し，甲乙記名押印の上各1通を保有する。

  令和＿＿＿年＿＿＿月＿＿＿日

          甲：

          乙：

(2) 基本合意書

M＆Aにおいて最も重要ともいえる文書である。

契約書ではないため、法的拘束力がないともいえるが、これに違反すればM＆Aは破談になることは必定であるため、M＆Aが進行している限りでは拘束力はある。このため、契約書でないからといって、安易に合意してはならない。

株式譲渡基本合意書

　株式会社○○（以下「甲」という。）と株主○○（以下「乙」という）は、甲が○○○○株式会社（以下「丙」という。）の発行済株式の全部を乙より譲り受けること（以下「本件取引」という。）について、最終契約の締結を目指して、以下の通り合意した。

第1条（取引の内容）
　1　乙は乙が丙の発行済株式●株のすべて（以下「本件株式」という。）を単独で所有していること、及びこれら株式が全て普通株式であることを表明し保証する。
　2　甲は、乙の所有する本件株式を金●億円にて買い取る意向を有し、乙はそれを了承する。
　3　乙の金融機関に対する丙のための保証債務については、最終契約後速やかに、丙が代替保証または担保、代位弁済等の方法により消滅させるものとする。
　4　丙は最終契約までに、本件取引について取締役会の承諾を得るものとする。

第2条（丙の役員と従業員）
　1　丙の代表取締役である乙は、最終契約締結と同時に丙の代表取締役及び取締役を退任するものとし、丙は乙に対して役員退職慰

労金●万円を支払うものとし、甲はこれに同意する。

2 丙の他の取締役□□と△△は、同じく最終契約締結と同時に退任し、乙は退職金規定にしたがい、それぞれ●万円の退職金を支払うものとし、甲はこれに同意する。

3 乙は最終契約までに、□□と△△から、前項の退任の了承を得る。

4 甲は、乙が第1項の退任後○か月間、乙を丙の顧問に採用し、月額金○円の顧問料を支払うものとし、顧問をつとめる期間は最低○年とする。

5 甲は、最終契約締結後も、本日現在の丙の従業員を従来と同条件で雇用を継続するものとする。

第3条（表明保証）

乙及び丙は、甲に対して、本件株式の存在及び帰属等並びに丙の財務諸表の内容が真実かつ適正であることに関し、甲との間で合意した事項につき表明し、保証する。

第4条（調査）

甲は、丙の事業及び財務内容の妥当性を検証するため、本合意書締結以降、甲及び甲が指定する第三者（公認会計士、弁護士、税理士等。）による以下の調査（以下「本件調査」という。）を実施するものとする。なお、本件調査の時期や方法等については、別途協議の上決定するものとする。

　①会計処理、財務内容の実在性、妥当性
　②将来の事業計画の見通し
　③管理状況、営業活動、設備保全状況など
　④第三者との重要な契約、不動産の利用・権利状況、労務関係、係争事件の有無など

第5条（善管注意義務）

　丙は最終契約の締結日までの間、下記の事項は行わず、その財産状態や損益状況を大幅に変化させない。ただし、甲と乙が書面で合意するものについては除くものとする。

　　①重大な資産の譲渡、処分、賃貸借

　　②新規借入、新規投融資、担保権の設定

　　③増減資、新株予約権の発行

　　④従業員の大幅な新規採用及び解雇、賃金・給与の水準の大幅な変更

　　⑤非経常的な契約の締結及び解約、解除

　　⑥前各号の他、日常業務に属さない事項

第6条（誠実交渉義務と独占的交渉権）

　1　甲及び乙は、×年×月×日（以下「本件期日」という。）までに本件取引に関し、最終契約を締結すべく誠実に努力をするものとする。

　2　本日から最終契約締結までの間、乙は第三者との間で、乙の有する丙の発行済株式の売却、丙による増資の引受け、及び丙と第三者との合併等、丙の経営権が変更される取引を行わず、丙にも行わせないものとする。

第7条（条件の修正、契約解除）

　1　甲が行う本件調査により、第3条の表明保証責任に違反があり、または、丙の事業内容や財務内容等に関して、甲にとって知らない重大なる瑕疵が発見された場合には、本件代金額を当該瑕疵の程度に応じて修正されるものとする。

　2　前項の表明保証責任の違反、又は、前項の瑕疵が重大で回復困難で、甲乙間の信頼関係が維持できない場合には、甲は本合意を解除できる。この場合、乙に故意または重過失がある場合には乙は甲に対して損害賠償責任を負う。ただし、賠償金額の上限は第

1条2項の代金額の●%とする。

　　3　甲及び乙は、相手方が仮差押、仮処分、強制執行、担保権実行、
　　　破産、民事再生、会社更生等の申し立てを受けた時、または、清
　　　算に入った場合、本合意書を解除できる。

第8条（有効期間）

　本合意書は、第6条1項に定めた期日（以下「有効期間」という。）
までに最終契約書が締結されなかったときは失効するものとする。た
だし甲乙間で、合意により、その有効期間を延長することができる。

第9条（秘密保持義務）

　　1　●年●月●日付で甲乙間で締結した秘密保持契約は、本合意書
　　　発効後も、有効となることを確認し、甲乙ともに秘密保持に努め
　　　る。

　　2　乙及び丙は、本合意書の締結及びその内容、本件取引に関して
　　　取得した甲の情報は、下記のものを除いて、秘密情報として第三
　　　者に開示しない。
　　　①開示された時点で、既に公知となっていたもの
　　　②開示された後で、自らの責に帰するべき事由によらず公知と
　　　　なっていたもの
　　　③開示された時点で、既に自ら適法に保有していたもの
　　　④正当な権限を有する第三者から開示されたもの

第10条（拘束性）

　甲及び乙は、本合意書締結に向けて誠実に努力することを約束する
が、最終契約締結を強制されるものではないことを、ここで確認する。

第11条（協議事項）

　本合意書に記載の無い事項又は疑義が生じた場合の取扱いについて
は、甲及び乙は、誠実に協議し、その解決を図るものとする。

第12条（管轄）

　本契約について争いが生じたときは、○○地方裁判所を第一審の専属的合意管轄裁判所とする。

　本合意書の締結の証として、本合意書を2通作成し，甲乙記名押印の上各1通を保有する。

　令和＿＿年＿＿月＿＿日

　　　　　　　　甲：

　　　　　　　　乙：

(3) 株式譲渡契約書

　M＆A実行における最後の砦ともなる契約書である。

　雛形は一般的な条項のみ示したが、案件ごとに様々な買収条件が書き込まれる。中には、支払いの保留や、役員退職慰労金の金額記載、売主がそのまま代表取締役として継続する場合の年数及びその役員報酬の計算式などを記載するケースもある。

株式譲渡契約書

　売主：○○（以下「甲」という。）と株式会社○○（以下「乙」という。）は、甲が保有する株式会社××（以下「対象会社」という。）の株式の譲渡に関し、本日、以下のとおり契約（以下「本契約」という。）を締結する。

第1条（株式譲渡合意）

　甲は、乙に対し、本日、次条以降の定めに従い、甲の所有する下記の対象会社の株式（以下「本件株式」という。）を譲渡し、乙はこれを譲り受ける。

記

　　　株式の種類　　普通株式
　　　株式の数　　　＊＊＊＊＊＊株
　　　譲渡価格　　　合計＿＿＿＿＊＊＊＊＊＊＿＿円

第2条（譲渡日）

　対象会社の株主名簿書換日を株式譲渡日とする。

第3条（譲渡価格の支払等）

　1　乙は、甲に対して、譲渡日において譲渡価格全額を支払うものとする。

　2　甲は，令和○年○月○日までに、本件株式の譲渡に必要な対象会社の株主総会または取締役会の承認を得るものとする。

　3　甲及び乙は，前項の対象会社の承認と同時に、対象会社に対して共同して、本件株式を乙名義とする名義書換請求を行う。

第4条（重要物品の引渡し）

　甲は乙に対し、譲渡日に下記の重要物品を引き渡す。

　　（1）　本件株式の譲渡承認に関する株主総会議事録の写しまたは取締役会議事録の写し

　　（2）　対象会社の株主名簿の写し

　　（3）　対象会社の代表印

　　（4）　対象会社の銀行印

　　（5）　対象会社の取締役A、取締役B、監査役Cのそれぞれの辞任届

第5条（甲の表明及び保証）

　甲は，本契約締結日及び実行日において、以下の点を表明し保証する。

　　（1）　本契約の締結及びその履行に関し、法令等及び対象会社の定款その他の内部規則に違反していないこと

　　（2）　本件株式譲渡につき、必要な手続きをすべて完了していること

　　（3）　対象会社の発行済株式総数は普通株式○○株のみであり、新株予約権その他の対象会社株式を取得できる権利は発行されていないこと

　　（4）　対象会社の貸借対照表及び損益計算書は、日本における一般に公正妥当な会計基準により作成されており、各決算期末現在の財政状態及び経営状態を適正に表示していること

　　（5）　【別紙1】に記載された内容を除き、対象会社に簿外債務や偶発債務はないこと

　　（6）　対象会社は、過去7年間適正に税務申告を行っており、これを否認する課税処分がなされるおそれがないこと

　　（7）　反社会的勢力が対象会社の役員または従業員でないこと

第6条（保証債務の解消、担保権の抹消）

　1　乙は、乙の責任と費用負担にて、対象会社の債務に関する甲のすべての保証債務を脱退させ、抵当権等の設定契約の解除及び抵当権等登記の抹消に必要な手続きを行うものとする。

　2　前項の手続きが完了するまでの間に、債権者から甲に保証債務の追及又は抵当権等の実行がなされた場合には、すべて乙の責任と費用負担にて処理をするものとする。

第7条（解　除）

　1　甲と乙はいずれも、相手方が表明保証条項その他本契約上の重大な義務に違反した場合、相手方に対する書面による催告後、相

当期間を経過しても違反が是正されない場合には、書面で通知することにより本契約を解除することができる。

2　甲と乙はいずれも、故意又は重過失により表明保証が虚偽若しくは不正確であったこと及び本契約に違反したことにより、相手方に損額が発生した場合、●円を上限として、相手方に対して当該損害を賠償する。

3　前項に基づく賠償は、本件譲渡日から１年後の応当日までに書面をもって通知した場合に限り行われるものとする。

第８条（協議事項）

本契約に記載の無い事項又は疑義が生じた場合の取扱いについては、甲及び乙は、誠実に協議し、その解決を図るものとする。

第９条（管轄）

本契約について争いが生じたときは、△△地方裁判所を第一審の専属的合意管轄裁判所とする。

本契約の締結の証として、本契約書を２通作成し，甲乙記名押印の上各１通を保有する。

令和＿＿年＿＿月＿＿日

甲：

乙：

(4) 事業譲渡契約書

株式譲渡契約は個人と会社との契約書になるが、それとは違い、事業譲渡は会社と会社の売買になるため、対象となる資産及び負債、従業員

の取り扱いが条項として含まれてくる。対象となる資産及び負債は個別に明記しなくてはならないため、通常は別紙として一覧表として明記する。

事業譲渡契約書

　株式会社○○（以下「甲」という。）と株式会社○○（以下「乙」という。）は、次のとおり事業譲渡契約（以下「本契約」という。）を締結する。

第１条　（事業譲渡）

　甲は、本契約書に定める条項にしたがい、令和○年○月○日(以下「譲渡日」という)をもって、甲の事業の一部である×××に関する事業(以下「本事業」という）を乙に譲渡し、乙はこれを譲り受ける。ただし、譲渡日については、やむを得ない事情が生じた場合には、手続きの進捗状況に応じて、甲乙協議のうえ書面により譲渡日を変更することができる。

第２条　（譲渡対象）

　１　本契約に基づく事業譲渡に伴い、譲渡の対象となる資産（以下「譲渡資産」という。）の内容は別紙資産目録に記載する。

　２　本契約に基づく事業譲渡に伴い、譲渡の対象となる債務（以下「譲渡債務」という。）の内容は別紙債務目録に記載の通りであり、乙が甲から承継する債務は、譲渡債務以外にないことを確認する。

第３条　（譲渡価額）

　本件事業譲渡の対価は、金●円（以下「譲渡価額」という。）とす

ることに合意する。

第4条　（譲渡価額の支払時期及び支払方法）
　乙は甲に対し、前条の譲渡価額を譲渡日限りで、甲の指定する口座に振り込む方法により支払う。

第5条　（譲渡財産の移転手続き）
　1　甲は、譲渡日をもって財産譲渡の実行に着手し、第三者に対抗するために必要な一切の措置または手続きを行い、乙はこれに協力する。
　2　甲は、前項の譲渡の事項と対抗要件付与の手続きを、譲渡日後〇日までに完了しなければならない。
　3　前2項の実行及び手続きに関する一切の費用は、甲の負担とする。

第6条　（費用の負担）
　譲渡財産に課せられる公租公課その他費用は、譲渡日の前日までの分については甲が、譲渡日以降の分については乙が負担する。

第7条　（従業員）
　1　乙は、本事業に従事している従業員（嘱託・パートタイマー等を含む。以下同じ。）の雇用関係については、甲はこれを承継しない。
　2　乙は、譲渡日の前日における甲の本事業の従業員について、譲渡日以降、従前と同一の条件で雇用契約を締結する。ただし、乙との雇用契約の締結に同意しない従業員についてはこのかぎりではない。

第8条　（譲渡承認等）
　令和〇年〇月〇日までにそれぞれ取締役会及び株主総会を開催し、

本契約締結の承認決議を実施しなければならない。

第9条　（善管注意義務）

　1　甲は、本契約締結以降、譲渡日までの間、善良な管理者の注意義務をもって譲渡財産の管理を行うものとする。

　2　甲が譲渡財産に重大な影響を及ぼす行為をする場合、あらかじめ乙の承認を得て行う。

第10条　（競合避止義務）

　甲は、譲渡日以降○年間、乙の事業と競合する同種の事業を行わない。

第11条　（秘密保持義務）

　甲及び乙は、相互に、本契約に基づいて知り得た相手方の技術上または営業上の秘密情報を、書面による事前承諾なく第三者に漏洩してはならない。

第12条　（契約の解除）

　甲及び乙は、相手方が本契約に違反したときは、書面による通知により、本契約を解除することができる。

第13条　（損害賠償）

　甲及び乙は、本契約上の義務に違反または解除により、相手方に対して与えた損害を賠償するものとする。

第14条（協議事項）

　本契約に記載の無い事項又は疑義が生じた場合の取扱いについては、甲及び乙は、誠実に協議し、その解決を図るものとする。

第15条（管轄）

　本契約について争いが生じたときは、△△地方裁判所を第一審の専属的合意管轄裁判所とする。

　本契約の締結の証として、本契約書を2通作成し，甲乙記名押印の上各1通を保有する。

　令和＿＿年＿＿月＿＿日

　　　　　　　　　　　甲：

　　　　　　　　　　　乙：

第5章
買収価額の決め方

1. 事業価値の算定方法

⑴ 事業価値とは何か

①事業価値と買収価額の違い

　M＆Aを初めて経験する人にとっては、それまで聞いたこともない単語を耳にすることが多いと思う。すべてを理解する必要はないが、最低限、事業価値と買収金額の違いは理解しておかなくてはいけない。

　事業価値は、買収価額の算定式の一つの構成要素に過ぎない。以下の計算式を確認してもらいたい。

買収金額＝事業価値＋余剰資産－借入金±加減算

　このような計算式よりも、普段見慣れた貸借対照表で図示したほうがわかりやすい。

　図表5－1は、一般的な貸借対照表を事業用と非事業用に再配分したものである。

　資産側で非事業用（つまり事業に使っていない余剰資産）として代表的なものは、運転資金にも使わない余剰資金を定期預金に入れている場合や投資不動産又は投資金融商品である。負債側は、会社である限り、事業に関連しない負債はあまり想定されない。

　M＆Aの買収金額を算定する際に特徴的な点としては資本の部の見方である。会社の価値を考える上では、他人からの調達資金と自分で調達した資金に区分する。つまり、他人資本と自己資本であり、他人資本は主として銀行調達資金となる。

　図表5－2は、上記の図表5－1を時価に置きなおした結果である。

　会社の価値は、事業そのものと余剰資産という2つの"価値"を持っており、その2つの価値のうち借入金相当分は株主の価値ではない。借入金返済分を控除した金額が「株主価値」となる。通常は、株主価値がそのまま買収金額となるが、以下のような理由で、そこから加減算が行われる。

・売手はそれほど売る気はないが、買手がどうしてもほしい場合、プレミアムが付く。

・将来、相当な含み益が発生しそうな土地を持っている場合、事業価値の算定の中ではあまり考慮されないが、買手が割増を上乗せする。

・買手に資金的な余裕があり、即決即断で買いたいため、売手の言い値で買収する。

・現社長が引退してしまうと、顧客や従業員が離反することが明白であるため、7掛けにする。

・将来、衰退していく業種であるため、7掛けにする。

・売手が、いくらでもいいから誰かに事業を引き継いでもらいたい、という意向であるため、半額にする。

　M&Aの現場において、「事業価値」「買収価額」「買収額」「株主価値」「企業価値」「純資産」などといった言葉が乱れ飛ぶが、図表5−1及び図表5−2の中の何を指しているのかが理解できるとよい。

◉【図表5−1】事業用と非事業用に再配分した貸借対照表

事業関連資産 (A)	運転資金	事業関連負債 (B)	未払費用
	売掛債権		賞与引当金　など
	事業に使用する固定資産	借入金・・・他人資本	
余剰資産	余剰資金（定期預金）		
	投資用不動産（簿価）	純資産・・・自己資本	

◉【図表5−2】時価に置きなおした貸借対照表

事業価値 （資産A・負債Bすべて包含した金額）		借入金時価 （ほぼ簿価と同額）
余剰資産時価	余剰資金（定期預金）	株主価値
	投資用不動産（時価）	

（注１）網掛けの箇所（事業価値と投資用不動産）は、時価に置き換えることになる。
（注２）事業価値の算定において、未払金や未払費用といった負債諸勘定は、事業活動に関連するものであるため、それらは上記の「事業価値」に包含される。
（注３）借入金は、支払利息も加味して時価評価するが、利率が変動金利であれば額面と時価はほぼイコールになる。

②土地等の含み益の考え方

　上記の図表５−１及び５−２において一つだけ必ず理解しておかなくてはいけないことがある。

　それは、資産負債を「事業価値」に置き換えるに際して、事業に関係するすべての資産負債がそれに包含されることである。この意味は、他人資本（つまり銀行借入金）以外の負債がすべて「事業価値」に包含されることと同様、含み損や含み益がある土地などもすべて事業価値に包含される。

　以下、極端な例ではあるが、事例で示してみる。

【前提】

　Ｘ社は、都心の一等地で収益性の低いファッション小物の小売販売をしている。年間利益は 500 万円である。

　また、土地は自社所有で２億円の含み益があり（簿価 5,000 万円）、その含み益に相当する借入金（２億円）があるとする。

　オーナーはＸ社の売却をするに際して、以下の条件を付けた。

---

①先祖伝来のこの土地の上で、未来永劫、この事業をおこなうこと。土地を売却してはならない。

②収益性が低いことは分かっているため、事業価値としては３年分の利益でよい。

この前提において、オーナーは売却価額を以下のように考えている。

（オーナーの考え）
買収金額 = 500 万円 × ３年分 + 含み益２億円 − 借入金２億円
　　　　 = 1,500 万円

　しかしながら買主側からは、その条件では株主価値（＝買収金額）は大幅なマイナスであるため、売買合意はできないと通達があった。オーナーはこんな好条件のM＆Aを受け入れない買主に憤慨・失望している。

　この例は、事業用資産と余剰資産と事業価値の関係性を理解していないために起こる誤解である。この誤解は、貸借対照表の形で図示したほうがわかりやすい。

● 【図表5－3】事業用資産と余剰資産と事業価値の関係性

①貸借対照表（簿価）

事業用資産	在庫　　　　100万円	未払費用	200万円
	土地（簿価）5,000万円	借入金	20,000万円
	（欠損状態）		

②貸借対照表（時価）

事業用資産	在庫　　　　100万円	未払費用	200万円
	土地 25,000万円	借入金	20,000万円
		株主価値　4,900万円	

③貸借対照表（事業価値に置き換え）

事業価値　1,500万円	借入金	20,000万円
（株主価値はマイナス）		

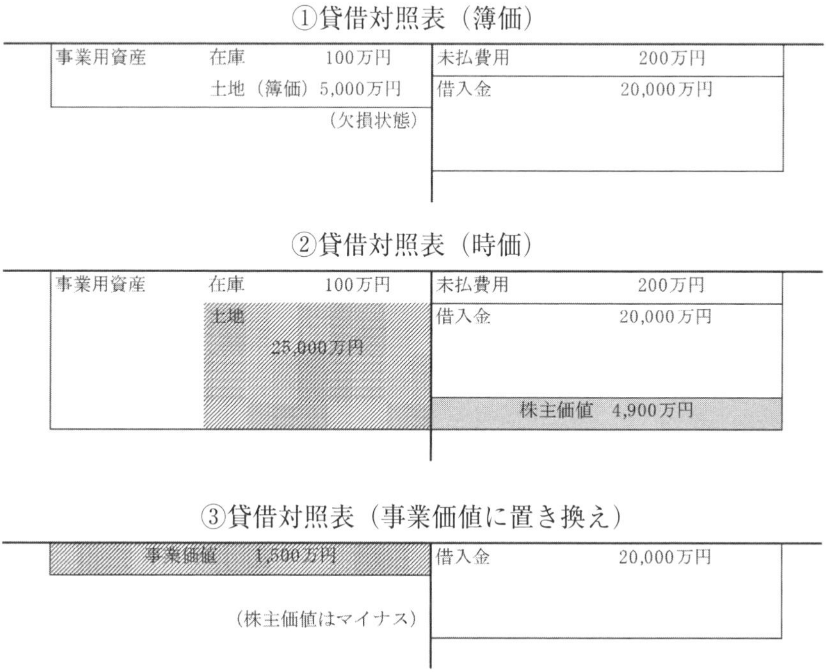

　まず図表5－3の①は通常の簿価で作成された貸借対照表である。この状態では大幅な欠損状態であるが、多額の含み益がある土地を所有しているため、銀行も安心して貸付をしている。

　図表5－3の②は、資産負債を時価評価したものである。ここでは土地だけが時価評価対象となっている。この状態では、土地の含み益によ

り、株主価値（＝純資産）がプラス4,900万円になっている。オーナーは、この状態を強く認識しているため、自社の価値は当然プラスだと思い込んでいる。

　図表5－3の③は、事業価値に置き換えたものである。ここでは、含み益のある土地は、一切考慮されない。なぜならば、前提条件に土地を売却したり、他に有効活用できなかったりという条件があるため、その含み益が実現することが未来永劫ないためである（未来永劫という条件は現実にはあり得ないが）。

　以上のように「事業価値」には事業に供している資産負債のすべてが包含されており、先祖伝来の不動産の含み益や数百年続く暖簾価値といったものは考慮されない。事業価値は、すべて利益又はキャッシュフローの数字をもとに算定されるということを理解しておく必要がある。

(2) "のれん"とは何か
①平仮名の「のれん」と漢字の「暖簾」

　現在、会計基準においては、漢字の「暖簾」ではなく、平仮名の「のれん」で表記されており、M＆A実務においても平仮名が主流となりつつある。なぜ平仮名で表記されるようになったのかを考えると、「のれん」の正体が理解しやすいのではないかと思われる。

　「暖簾」とはもともと店頭に垂れ下がっている防寒用の布を意味するが、長い年月の中で次第に店のブランド力を象徴する意味に変わっていった。旧商法典等においても漢字の「暖簾」が使用されていたが、一方で税法や企業会計原則においては「営業権」という言葉が使われたり、その他の無形資産として特許権、商標権、著作権といった言葉が使われたりと、「暖簾」の定義が曖昧であった。感覚として「営業権」と「暖簾」は同意義であったと思うが、近年は営業権以外の無形資産である特許権、商標権、著作権等が独立して価値が大きくなったこともあり、さらに定義が曖昧になっていたものと思われる。

　そのような状況下において、商法改正や国際会計基準との整合性のための会計基準の改正が行われたのであるが、その際に英語の「good will」という用語を日本語訳する段階において、漢字ではなく平仮名を使用したのは、実に言い得て妙である。つまり、企業結合会計基準等で識別可能な無形資産の分離が強制され、それ以外の識別が難しいもの（営業権も含む）をすべて平仮名の「のれん」に集約した形になっている。内容が明確なものは漢字で表記し、それ以外のものとしてその曖昧さを平仮名で表現しているようにも理解できる。いずれにしても、「のれん」の定義は基本的には残余であり、識別ができない、つまり内容は不明な価値であり、改正前の「暖簾」と同様に曖昧な意味であることに変わりはない。

● 【図表5-4】従来より明確になった「のれん」の定義

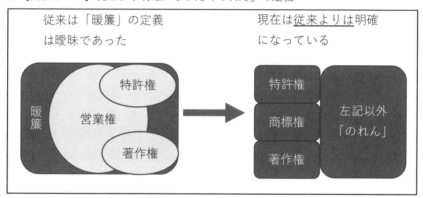

②**財務諸表上の「のれん」とM&Aにおける「のれん」**

"のれん"の発生原因については、上場企業のM&A担当部署の人でも誤解していることがあるが、たまに「この"のれん"はどこから発生しているのか」と聞かれることがある。上述したとおり、"のれん"は識別できない残余価値であるため、この問いに対する回答はできない。

財務諸表に計上されている"のれん"は、会計基準において下記のように定義されている[1]。

1　企業結合に関する会計基準31、企業結合会計基準及び事業分離等会計基準に関する適用指針30より。一部筆者が加除。

・取得原価が、受け入れた資産及び引き受けた負債に配分された純額を上回る場合には、その超過額はのれん。下回る場合には、その不足額は負ののれん。

・もともとの会社が買収される前に認識していなかったものも含めて、受け入れた資産負債のうち識別可能なものに取得原価を配分する。取得原価と取得原価の配分額との差額がのれん。

　この定義のとおり、“のれん”とは買収金額から純資産を控除した残余であるとしか規定されていない。

　一方で、中小企業のM＆A実務において検討される“のれん”は、最後の残余ではなく、まさに事業価値そのものであり、純資産とは切り離して、利益を獲得できる力の源泉が何なのかを見極めて、それに対してどのくらいの金額を提示できるのかが検討されたものである。つまり、純資産への上乗せ部分である。計算式で示すと以下のようになる。

会計基準上では・・・

> “のれん”＝買収金額－引き継いだ純資産

(注) 引き継いだ純資産は、時価か簿価かはあまり重要ではなく、あくまでも“のれん”は残余であるという意味の式である。

中小企業のM＆Aの実務においては・・・

> A：買収金額＝事業価値＋余剰資産－借入金
> 又は
> B：買収価額＝時価純資産＋“のれん”

(注) この時価純資産は借入金を控除した金額になる。

　上記の式Bにおいては、“のれん”は超過収益力、すなわち純資産の価値以上に稼ぐことができる力としての意味を持つ。理屈としては上記の式AもBも同じ金額となるはずであるが、実際に数値を当てはめて具体的な計算をするとなると、同じ金額にはならないであろう。言葉が

悪いかもしれないが、式Ａは理論的な計算式を必要とする会社が用いるもの（例えば、株主に対する説明が必要な会社）、式Ｂは直感に訴えて売買する会社（オーナー社長が納得できるように）向けである。

【コラム】"伝統"の価値とは？

　中小企業のＭ＆Ａにおいては、地元において長い歴史を背負って立っている会社が売手の当事者になることもあり、その場合には、先祖伝来の巨額の含み益がある土地や、百年続く社名を冠した商品を持っているケースもある。しかしながらその会社の既存事業は時代に乗り遅れ、赤字状態になっており、後継者もおらず、やむなくＭ＆Ａで売却するといったケースもある。

　この場合、地元経済における雇用の確保、百年続く伝統の保存、地元のシンボル的存在、オーナー一族の誇りと面子、などなど、単純に数字だけでは割り切れない思いがあるのは重々理解できる。しかしながら、買手にとっては、その"伝統"にお金を払うわけにはいかないため、オーナーが思っている以上に低い金額を提示されることもある。特に、買手が外資系のファンドだったりすると、まさにオーナーが憤慨するような金額を提示してくる。

　含み益も、実現できなければ全く意味はなく、長年の信用信頼に基づく暖簾であっても、利益を生まなければ価値はない、という世知辛い世の中である。

(3) 企業価値の算定方法
①算定方法の種類

　Ｍ＆Ａにおけるモノの価値は一物一価であるため、当事者や環境、時代によって金額は当然変動する。好景気の時に売却できれば高くなるし、景気が落ち込めばそもそも売却もできなくなる。さらに、グローバリゼーションが高まった今日、中国勢が国内のＭ＆Ａに参入してきており、驚愕するような金額を提示してくるケースもある。

実際には売買金額はその都度、相対で勝手に決まっているのであるが、そうはいっても一般的な目安としての評価方法が必要であり、そのためにさまざまなものが編み出されている。その評価実務に影響を与えた資料として「企業価値評価ガイドライン」が2007年に公表され[2]、さらに2019年に「時価の算定に関する会計基準」が公表されている。当該会計基準は金融商品が対象であり直接的に企業価値の評価を規定しているものではないが、時価とは何かを定義した初の基準であるため、今後の評価実務に大きな影響を与えるものと思われる。

　図表5－5は、代表的な企業価値の評価手法であり、さまざまな手法が編み出されていることがわかる。これら複数あるのは、この中で何が一番妥当なのか、という議論をしているのではなく、企業価値評価にはいろいろな見方があり、複数の評価によって計算された結果を見比べながら、最終的な売買価額を見出していくための参考数値と考えたほうがよい。なお、ここでいう「企業価値」とは、「株主価値」及び「買収金額」と同じである。

● 【図表5－5】代表的な企業価値の評価手法

理論上	ストック・アプローチ （資産負債に注目した手法）	簿価純資産
		時価純資産
		清算純資産
	インカム・アプローチ （将来収入に注目した手法）	ディスカウント・キャッシュ・フロー法（DCF法）
		配当還元法
		収益還元法
	マーケット・アプローチ （他の会社との比較に注目した手法）	類似会社比準価格算定方式
		倍率法
		取引事例法　又は　市場株価法
実務上	簡易的	時価純資産＋"のれん"
	税法準拠	財産評価基本通達
		法人税法

---

2 『企業価値評価ガイドライン』2007年　日本公認会計士協会編（清文社）。その後2013年に改正されている。

　図表5−6は、売手と買手それぞれで、外部の専門家に評価を依頼したケースである。

　通常、外部の専門家に価値評価を依頼する場合は、2つ又は3つの複数の手法で価値算定をしてもらうケースが多い。例えば、時価純資産、DCF法、類似会社比準価格算定方式の3つである。現在では算定方法は一般化されているため、同じ情報をもとに計算すれば、売手と買手でそれほど大きな差は出ないが、とは言え、いくつかの計算要素に違いが出るため、算定結果にも若干の違いが出てくる。

　また、外部の専門家であっても、依頼主である売手と買手の意向を斟酌するため、同じ情報であっても、売手側は解釈が可能な限り高く算定しようとするとするため、買手側よりも高い金額が出てくることが多い。逆に買手側は出来るだけ安く買いたいため、解釈可能な限り低めの金額が出てくる。その結果、図表5−6のように売手側と買手側の価格範囲（レンジ）はずれる。

● 【図表5−6】外部の専門家に評価を依頼したケース

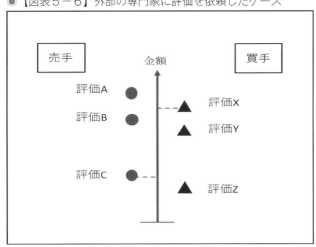

　問題は、このずれた状態の中で、最終的な買収価額をどのように決定するかであるが、何かルールがあるわけではなく、当事者間の交渉次第である。理屈的には、上限が評価X、下限が評価Cとして、そのレン

ジ内で決めることになる。つまり、評価 X 以上の価格は、買手にとっては全く根拠がない金額となるため受け入れられない。逆に評価 C 以下の価格は、売手によって全く根拠のない金額となるため受け入れられない。

　ここで理解してもらいたいのは、企業価値の算定に正解は一つではないということである。さらに生き物である会社を数字で評価することは基本的には不可能であり、今現在考案されているいくつかの算定手法は、それぞれ複数の前提を置いたものであり、絶対的な評価手法ではない。それを十分に理解した上で、算定結果はあくまでも参考にして、価格交渉に臨む必要がある。

②理論上の算定方法

　理論的には３つの算定方法が示されることが多く、その内容及び算定される金額の傾向は下記のとおりである[3]。

（ア）ストック・アプローチ

　原則として時価純資産で算定するが、不動産がなければ簡易的に簿価純資産のままで評価するケースもある。また、不動産と金融商品のみを時価で算定する修正簿価純資産の場合もある。俗に「解散価値」と言われることもある。

【時価純資産法】

メリット	デメリット
・計算方法が分かりやすい ・関係者全員が納得しやすい ・含み益が多額にある場合は、価格が高くなる	・計算結果が他の手法より低くなりがちである(つまり、事業自体の評価はされずに、資産負債の評価だけになってしまう) ・隠れ負債は発見が極めて困難である

3　拙著『M&A ハンドブック』第 8 版（中央経済社、2019 年）

（実務上の留意点）
・評価基準日をいつにするのかが問題になる。中小企業の場合は、月次決算を正確にしていないことが多いため、年度決算締めを待つケースも多い。
・なお、厳密な"解散価値"の算定は実務的には不可能であり、実際に解散しない限り、解散価値は算定できない。つまり、純資産算定基準日での純資産金額は、どの時点でやろうが暫定数値であるため、それほど基準日にこだわる必要はない（もちろん直前決算日に近いほうがよいが）。

（イ）インカム・アプローチ

　主としてディスカウント・キャッシュ・フロー法（DCF法）で算定する。事業計画をもとに算定するが、多くの事業計画は右肩上がりに作られるため、算定方法の中では最も高い金額になる傾向がある。このため、適正な事業価値を算定するには、事業計画及び割引率等の合理的な算定が必須であるが、中小企業のM&Aにおいてはその作業が極めて困難である。

　なお、配当還元法もあるが、中小企業では株主が限定されているため、配当金額を恣意的に決めることができることもあり、それをもとに企業価値を算定する配当還元法は、理論的ではないと思われる。

【DCF法】

メリット	デメリット
・現在考え出されている方法の中では、最も理論的なものの一つとされている	・計算方法が複雑である ・関係者がその計算方法をあまり理解できないため、結果に対する納得感がない

（実務上の留意点）
・売手が作成する事業計画をベースとして計算するため、通常は右肩上がりの事業計画が出てくる。さらに、右肩上がりになる根拠が記載されていない事業計画も多い。
・割引率の設定や割引計算の過程が明確にされないケースがある。計算ミスも散見される。
・割引率が恣意的に設定され、事業価値が意図的に計算されてしまうが、経営者がそれに気付かないこともある。

（ウ）マーケット・アプローチ

　主として業種業態が類似する上場会社の株価等を参考に算定する。この場合、類似する上場会社を任意で数社選択する。なお、言葉は似ているが、税法で規定されている類似業種比準方式とは違う。類似業種比準方式は国税庁公表の業種目別株価を使うため、理論的な評価手法と扱われないことが多い。

【類似会社比準価格算定方式】

メリット	デメリット
・市場相場と連動させるため、それなりの納得感が得られることもある ・業種業態によって算定結果に差がつくため、市場評価を反映できる	・中小企業においては、規模的に類似する上場会社が見当たらないことが多く、この手法を採用するのは困難なケースが多い
（実務上の留意点） ・ベースとなる市場株価自体が、市場の需給で決まっているだけで理論的に値付けされているわけでもないため、当該方法で算定された結果が、他の方法の結果と掛け離れることがある。 ・あくまでも他の手法の結果と比較する参考数値としてはよいのかもしれない。	

③実務上の算定方法

（ア）時価純資産プラス "のれん"

　将来利益又は将来キャッシュフローの3～5年分を営業権（のれん）と見做して、時価純資産に上乗せした金額を企業価値とする方法である。"将来利益" に何を用いるかで金額は変わってくるが、超過利益（一般的な利益率を超過する利益）を利用する場合もあるし、税引後金額にするのか、何年分にするのかなど、具体的な計算はケースバイケースになるが、中小企業のM＆Aでは最もよく利用される方法である。

　その理由は、まず売主及び買主にとって単純明快で理解しやすく、理論的かどうかに関係なく双方の納得が得られやすい。また買主にとって、現状の利益等の3～5年程度の先払いということであれば、先の見通せ

ない経済情勢のなかでもリスク負担できる許容範囲内である。さらに売主にとっては、自らが築き上げた事業に付加価値が付けられることで満足感が得られるし、比較的高めの金額になる場合も多い。

（イ）財産評価基本通達

取引相場のない株式は、同族株主等か、それ以外の株主かの区分により、それぞれ原則的評価方式又は特例的な評価方式の配当還元方式により評価することになる。

当該通達は、行政機関から一般向けに公表されている唯一の株価評価方法であるが、同族株主が関係する場合には、必ずこの方法を斟酌しなくてはいけない。具体的には、次のようなケースである（詳細については第3章－1参照）。

●同族株主個人が株式を取得する場合
●同族株主個人が株式を売却する場合
●同族株主が支配する会社が株式を取得する場合
●同族株主が支配する会社が株式を売却する場合

（ウ）法人税法上の時価

法人税法上は、時価での売買が必要になるが、時価の規定内容は一定の条件の下で法人税基本通達9-1-14において財産評価基本通達を準用することとしている。一般的に法人税法上の時価による評価額は、財産評価基本通達による評価よりも高額となる場合が多い。

④算定方法別の金額高低

上述した基準、通達、理論、実務のすべてを含めると、現状では大きく分けて図表5－7のような算定方法の種類がある。

● 【図表5－7】現状における企業価値の評価方法

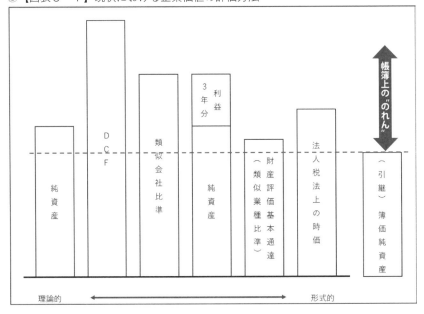

　これらの算定方法うち、どれが一番値段が高く計算されるかはケースバイケースであり、図表5－7のようになるとは限らないが、筆者の実務経験上では概ねこのような高低になっている。

　なお、帳簿上の"のれん"は、支払対価と引継純資産との差額になるため、価値算定上で検討した"のれん"の金額と異なるケースがほとんどである。さらに、税務上の時価純資産や簿価純資産と、価値算定上で使用した純資産との間にも差異がある。算定時点と引継時点との間にもタイムラグがあり、それらすべての差異が帳簿上の"のれん"に含まれてくる。

　さらに細かい話になると、会計上の"のれん"と税務上の"のれん"にも差が発生する。これについては、組織再編税制の専門的な事項となるため説明は割愛するが、買収後の税務上の課税所得にも影響するため、M＆Aを行う場合には中小企業であっても会計税務の専門家を利用することをお勧めする。

【コラム】価値は一つではない

　昨今では、M&Aコンサルタントを名乗る人が多くなり、カタカナやアルファベットを多用しながらコンサル業務を請け負っている。

　M&Aコンサルタントの報酬は成功報酬であることが多く、売買価格が高ければその分報酬が高くなるため、M&Aコンサルタントは高い倫理観を持つことが重要である。

　売手の希望としては"高く売りたい"、というのが普通であるため、買手さえ納得していれば高く売ったとしても別にそれが悪いわけではない。しかし、売買後のトラブルを避けるためには、評価方法とはどういうものか、評価結果は複数あるがそれぞれどういう前提をおいたものかなど、十分に理解してもらい、売手と買手の双方が納得いくまで協議して、売買価格を決定してもらいたい。

　コンサルタント等が一つの評価方法しか示さなかったり、計算過程を説明しなかったりする場合には、それは間違いであり、"価値は一つではない"と声高に反論してもらいたい。

２．中小企業のＭ＆Ａ実務で利用される算定方法

⑴ 中小企業向けの算定方法

　上記１に記述したように、買収価額の算定方法には純理論的なものと実務寄りのものとがある。純理論的な方法を採用するためには、その計算式の元データが正確でないと計算結果は信頼できるものではなくなり、売手も買手も納得できるものではなくなる。

　仮に、対象企業が次頁の図表５－７のような事業価値を辿るものとする。事業価値は今後に急増することになるが、現時点まででではそれほど上昇はしていない。理論的には、当該企業の事業価値は今後の急増を考慮して算定されるべきだが、現時点でそれを証明するデータは提供できない。DCF法を採用することにより、事業計画をベースに算定すれば、その急増を反映することはできるが、事業計画は将来の予想であって、その達成可能性のリスクを反映させるために相当な割引計算がおこなわれる。ましてや中小企業においては、そのような事業計画は絵空事と見做されてしまい、その値段で金額が決まることはないであろう。よほど画期的な新技術や特許などがあれば別であるが、そうでなければ、将来の未確定データで売買されることは中小企業のＭ＆Ａでは行われないのが実態である。

　さらに、中小企業の売主と買主は、世知辛い現実の世の中を身一つで生き抜いてきた百戦錬磨の経営者であり、理屈よりも行動を重視するため、DCF法の割引率とかリスクプレミアムとかといった理屈はあまり信用しない。やはり、今までの実績だけで判断する傾向が強いため、基本は純資産評価（過去の利益の積み上げ）であり、それにプラスして営業権（のれん）を加味する算定方法が一番理解しやすいのである。ちなみに、営業権は過去の利益から算定されるため、現時点のデータでもなく、あくまでもすでに終了した年度の確定データを使うので、純資産金額よりも古いデータを使うことになる。つまり確定データで営業権は算定される。

　このように説明すると、"純資産＋営業権"の算定方法は正しくない

のではないか、と思う経営者もいるが、そもそも企業価値を正確に算定することは誰にもできないし、将来、会社業績に何がおこるかもわからない。現に新型コロナウイルスが発生するとは誰も予想しておらず、その直前にM＆Aで会社を買収した会社もあるが、大変な状況になってしまっている。買収後にどのように事業価値を伸ばしていくかは、買収した経営者の力量でもあり、やはり、その将来要素を事業価値算定に含めるのは、特に中小企業のM＆Aには適していないように思われる。

◉ 【図表5－7】計算根拠となるデータの時点

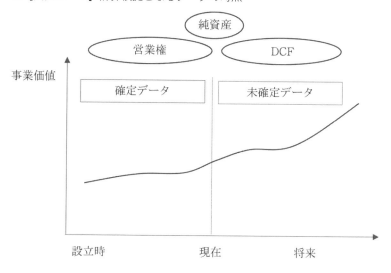

（解説）

　DCF法の計算根拠は、将来の利益であり、未確定データである。その利益は"予想額"でもあり"希望額"でもあり、"夢"であるかもしれない。

　一方で営業権の計算根拠は、過去の実績値を使うため、確定データである。純資産は、過去利益の実績値の積み上げであり、これも確定データである。

● 【図表 5 − 8】 JMAC法とDCF法の概念図

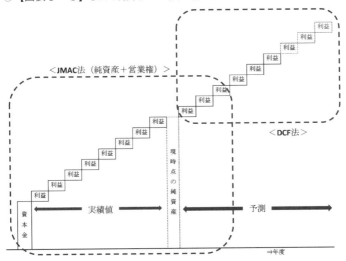

（解説）

　買収金額を「純資産＋営業権」で算定するということは、過去利益の実績値の積み上げである純資産と、将来利益（又は超過利益）の数年分を足したものである。将来利益とは言っているが、実際の計算は過去の実績値を用いるため、基本的には予測値は利用していない。では、なぜ数年分だけを足すかというと、未来を予想することは"不可能"である中で、ほぼ確実な未来として、過去実績推移の3年分程度は概ね確実であろうということで足しているとも言える。

　一方で「DCF法」は、過去の実績値は使わない。純資産金額も計算過程には含まれてこない。もっぱら予測値を利用するだけであり、事業が未来永劫継続するという大前提で、将来利益（キャッシュ・フロー）を集計する。しかし未来を予想することは"難しい"ため、割引計算をすることになる（つまり、集計額の7掛けとか8掛けというのと同じことをしている）。

(2) 中小企業に有利なM＆A評価額

　中小企業の経営者にとって、自分が保有している自社株式に値段が付

けられるのは二つの場面しかない。一つは贈与・相続時であり、もう一つが売却時である。

　通常、中小企業の経営者は活力に溢れ心身ともに壮健であるため、生涯現役の人が多く、贈与も売却も考えたことがない人が多い。唯一考えるのは自分が死んだときの相続のことであるが、それはある程度年齢を重ねた後の自分の死を少し考え始めたときである。

　しかし、経営者にとって最も重要な仕事の一つである「後継者の育成」ということを考えると、それを考え始めるのは少し遅い。後継者を誰にするか、育成するのにどのくらい時間が必要か、株式の譲渡にどのくらい税金が発生するかなどを事前に検討し、納税資金の準備や親族以外の後継者への譲渡であればその取得資金の確保など、難題は山積していることがわかるであろう。

　また、よくある話ではあるが、自分の子供を後継者にしたいというのが人情ではあるが、子供本人にその気がないとか、経営力がないとかでずるずると事業承継問題を引きずって時間だけが経過し、結局は自分の子供以外の後継者を探し回ることになることも多い。

　このため、後継者候補がいるかいないかは別として、相続による事業承継と、M＆Aによる事業承継を常に念頭において将来を考えることが有用である。自分の子供にやる気と能力があれば相続対策をすればよいし、そうでなければ業績が良いうちにM＆Aで現金化したほうが従業員にとっても、自分の家族にとっても良いのではないだろうか。

　具体的に、相続とM＆Aとの比較で評価額とキャッシュの手取り額を見てみる。

● 【図表5－9】評価額とキャッシュの手取り額

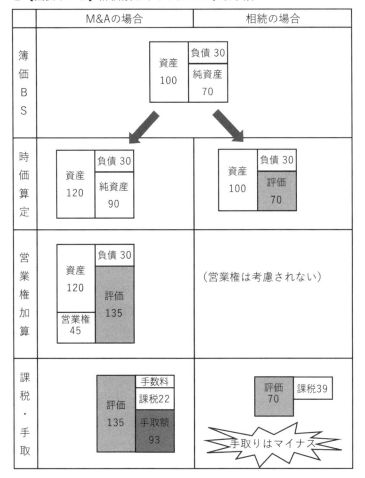

【前提】

・時価純資産は、不動産や保険等の含み益などであるが、相続税評価では納税者のために実際の時価よりも低く評価されるように考慮されているため、上記では相続上の時価純資産と簿価純資産は同額と仮定した。

・ここでの「営業権」は、役員報酬や生命保険などを補正して、正常と思われる利益をベースに超過収益力として算定している。

・相続税は単純に株式評価額×55% としている。
・Ｍ＆Ａの手取り額計算では、譲渡益の 20% の課税と仲介手数料 10 を仮定している。

　図表５－９のとおり、課税上は相続税率のほうが高いため、株式売却による納税額のほうが安くなる。さらに、手取りで考えると、そもそも相続では自社株式は現金化できないため、手取りは税金分だけキャッシュアウトであり、その分の納税資金を調達しなければならない。しかし、Ｍ＆Ａを実行すれば、自社株式を現金化することができるため、納税資金を控除してもなお多額のキャッシュインとなる。

　実際には、相続の際には時価純資産方式だけではなくその他の計算方法（類似業種比準法）も加味されるため上記のような単純なものではないが、現実にＭ＆Ａを実行してみると図表５－10のように自社株式の評価額が相続評価額の３～５倍になることもある。特に利益率が高い会社はその傾向が強い。

◉【図表５－10】評価額の比較

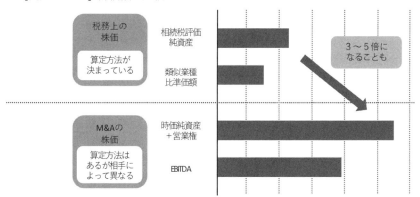

　株主価値の算定は、先述したように大きく分けると三つの手法がある。ストック・アプローチ、インカム・アプローチ、マーケット・アプローチである。中小企業でよく利用される「時価純資産＋営業権」は、このうちストック・アプローチに分類されることが多い。株主価値の算定は

様々な側面から検討し、その中から関係者が協議して金額を決定することになる。なぜなら、株主価値は一物一価であるため、当事者や環境、時代によって金額は当然変動するものだからである。

このため、中小企業のM＆Aにおいても一つの方法だけで買収金額を算出するのは望ましくない。最低でも2種類の方法で算出し、両者を比較検討して、"金額のレンジ（幅）"を出してから相手と交渉することが重要である。そのもう一つの方法として㈱日本M＆Aセンターでもよく利用されているのが、EBITDA倍率法である。EBITDA倍率法はマーケット・アプローチに分類されるものであり、類似する上場会社の株価を参考にする算定方法である。

大分類	ストック・アプローチ（資産負債に注目した手法）	インカム・アプローチ（将来収入に注目した手法）	マーケット・アプローチ（他の会社との比較に注目した手法）
採用する手法	時価純資産＋営業権	DCF法	EBITDA倍率法
メリット	・分かりやすい ・中小企業のM＆Aにおいて広く認知されている	根拠のある事業計画さえ作成できれば、最も理論的である	実際に流通している市場株価を参考にするため、客観性が高い
デメリット	想定以上に高く算出され、買主側が納得しなくなることがある	・根拠のある事業計画が作成できない ・将来の市場予測が極めて困難	類似した上場会社を探す必要があるが、規模が違いすぎて類似していると言えるか疑問
利用し易さ	◎	×	○

(3) 具体的な算定方法（時価純資産＋営業権）

現在、中小企業のM＆Aで利用されている株式価値算定方式の中で最も多く利用されているのは、「時価純資産＋営業権」方式だと思われる。㈱日本M＆Aセンターが利用している方法はJMAC法（Japan M＆A Center）と呼んでいる。

計算方法自体はそれほど難しいものではなく、下記のとおり、過年度の利益をもとに計算する。

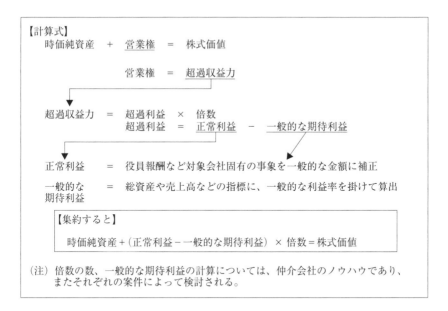

【計算式】

　　時価純資産　＋　営業権　＝　株式価値

　　　　　　　　　　　営業権　＝　超過収益力

　　超過収益力　＝　超過利益　×　倍数
　　　　　　超過利益　＝　正常利益　－　一般的な期待利益

　　正常利益　　＝　役員報酬など対象会社固有の事象を一般的な金額に補正

　　一般的な　　＝　総資産や売上高などの指標に、一般的な利益率を掛けて算出
　　期待利益

　【集約すると】
　　　時価純資産＋（正常利益－一般的な期待利益）× 倍数＝株式価値

（注）倍数の数、一般的な期待利益の計算については、仲介会社のノウハウであり、
　　　またそれぞれの案件によって検討される。

　一般的に馴染みのないのが「超過収益力」であるが、これは平均的な利益以上に稼ぐ力を意味する。つまり、対象会社の利益水準が、一般的な利益水準よりも高い場合にその超過分を「超過利益」と定義し、その何年か分を超過収益力（営業権）として計算する。

　注意すべき点としては、中小企業においては節税等の関係で、役員報酬や生命保険料など、他社比較をする際に補正すべき項目がある。それらを補正しないと、同じ利益水準でも、役員報酬が多いと会社の利益は減少してしまっているので、適正な評価ができない。

【設例】

（単位：千円）	業界平均	A社	B社
売上高		1,650,000	2,400,000
売上高		330,000	360,000
役員報酬	△ 18,000	△ 30,000	△ 15,000
その他費用		△ 200,000	△ 230,000
営業利益		100,000	115,000
売上高営業利益率	4.5%	6.1%	4.8%

【計算式】

（役員報酬を業界平均に置き換えて営業利益を補正）

A社：正常利益　＝　100,000＋30,000－18,000　＝112,000
B社：正常利益　＝　115,000＋15,000－18,000　＝112,000

（一般的な期待利益として業界平均営業利益率を用いて正常利益を算出）

A社：超過利益　＝　112,000－(1,650,000×4.5%)＝37,750
B社：超過利益　＝　112,000－(2,400,000×4.5%)＝ 4,000

（超過利益の3年分を営業権と仮定）

A社：営業権　＝　37,750×3＝113,250
B社：営業権　＝　 4,000×3＝ 12,000

　上記の設例では、損益計算書だけ見れば、B社のほうが売上高も営業利益も金額は大きく、営業権は高そうに見えるだろうが、この評価方法を採用するとA社のほうが営業権は高く算出される。

　実際には、営業権だけではなく「純資産＋営業権」で株式価値が算定されるため、過去において営業利益を多く稼いでいたB社の純資産のほうが大きいであろうから、株式価値はB社のほうが大きくなることが多い。しかし、他社が欲しがるほどの中小企業であれば、業界平均の利益率よりも大幅に利益率が高い会社も珍しくなく、そのような会社であれば純資産の金額以上に営業権が評価されることもある。

⑷ 具体的な算定方法（EBITDA 倍率）

　この方法もそれほど難しいものではない。

　EBITDA（イービッタ）とは Earnings before Interest, Taxes, Depreciation and Amortization の略である。利息・税金・償却前利益を意味しており、簡便的な営業キャッシュフローとも言われる。理屈としては非経常的な損益は含めないため、経常利益ではなく営業利益に減価償却費を足し戻せば EBITDA となる。賃貸収入を営業外損益で会計処理している場合には、経常利益を基準として算出してもよい場合はある。

　名前がアルファベットを冠しているので難しそうに見えるが、EBITDA の算出は簡単であり、EBITDA 倍率法はその何倍を株価にす

るか、というだけの方法である。

　株式投資をしている経営者も多いと思うが、株式投資の指標で PBR（Price Book-value Ratio）や PER（Price Earnings Ratio）という言葉を聞いたことがあると思う。概念としてはこれと同じである。

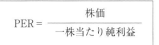

　この方式の難点はいくつかあるが、まずは一番の問題点として、そもそも中小企業に類似した上場会社があるかどうかである。例えば売上高10億円の自動車部品製造会社の場合、類似業種の自動車部品製造の上場会社は、売上高が10倍どころか100倍以上となる。さらに上場会社であれば海外子会社を保有しているし、事業が多角化していることもよくある。元受けと下請けという立場の違いもあり、利益構造が全く異なる。このため、類似上場会社を1社だけではなく2社以上抽出して、その平均値を採用することも多いが、根本的な問題解決にはならない。

　次の大きな問題点として、EBITDA 倍率が業界や年度によって大きく変動してしまうことである。例えば、安定業種といわれる電力業界、基幹産業の自動車業界、国内景気の波が直撃する飲食業界の3社の有価証券報告書を参照して計算すると下記のような結果となる。

まず、当然ではあるが、業種によって EBITDA 倍率が大きく異なる。つまり、自社の属している業界が明確であればよいが、そうでない場合は、どの業界の類似会社を選択するかで倍率が大きく変わってしまう。例えば、ある自社製品を、従来は家電業界向けに販売していたが、昨今では家電業界と自動車業界の垣根も低くなり、それに伴い売上の半分が自動車業界向けに代わってしまった場合、どちらの業界に属するのかは難しい問題となる。

　また、年度によって大きく変化する業界がある。飲食業界はその典型であり、赤字となる年度もあれば、その反動で翌年度は大きく改善することもよくある。すると EBITDA 倍率は倍近く変動するが、どの時点で評価するかで企業価値が大きく変動する。

　結局、中小企業の株価というものは、上場株価と同じように、上がったり下がったりするものであり、中小企業のM＆Aでも売り時と買い時があるということである。

　なお、安定業種のほうが EBITDA 倍率は低く、そうではない業種は高くなる傾向にある。

電源開発㈱ （単位：百万円）

年度	2015/3	2016/3	2017/3	2018/3	2019/3
営業利益	72,859	87,915	81,726	104,336	78,844
減価償却費	93,309	94,582	75,660	82,298	79,979
EBITDA	166,168	182,497	157,386	186,634	158,823
発行済株式総数（千株）	183,051	183,051	183,051	183,051	183,051
EBITDA／1株	908	997	860	1,020	868
最高株価	4,690	4,575	3,560	3,475	3,200
最低株価	2,650	3,315	2,152	2,459	2,446
平均	3,670	3,945	2,856	2,967	2,823
EBITDA倍率	4.0	4.0	3.3	2.9	3.3

㈱小糸製作所 （単位：百万円）

年度	2015/3	2016/3	2017/3	2018/3	2019/3
営業利益	64,155	82,218	92,523	103,785	100,534
減価償却費	25,919	31,719	31,721	32,287	32,060
EBITDA	90,074	113,937	124,244	136,072	133,594
発行済株式総数（千株）	160,789	160,789	160,789	160,789	160,789
EBITDA／1株	560	709	773	846	831
最高株価	3,935	5,680	6,390	8,380	8,370
最低株価	1,738	3,515	4,290	5,220	4,925
平均	2,837	4,598	5,340	6,800	6,648
EBITDA倍率	5.1	6.5	6.9	8.0	8.0

㈱幸楽苑HD　　　　　　　　　　　　　　　　　　　　　（単位：百万円）

年度	2015/3	2016/3	2017/3	2018/3	2019/3
営業利益	811	874	147	▲ 72	1,637
減価償却費	1,534	1,579	1,661	1,734	1,356
EBITDA	2,346	2,453	1,808	1,662	2,992
発行済株式総数（千株）	16,577	160,715	16,775	16,775	16,775
EBITDA ／ 1株	142	147	108	99	178
最高株価	1,759	1,619	1,816	2,557	2,722
最低株価	1,285	1,375	1,440	1,647	1,511
平均	1,522	1,497	1,628	2,102	2,117
EBITDA倍率	10.8	10.2	15.1	21.2	11.9

（出所：有価証券報告書より）

⑸ 概念図

　「時価純資産＋営業権」と「EBITDA 倍率法」の概念図は図表5－11 のとおりである。ステップ②の矢印が株主価値を示している。

　それぞれの最終結果である株主価値が、“ 合算 ” と “ 差引差額 ” とあるように考え方が違っていることが理解できるとよい。

　「時価純資産＋営業権」の手法は、どれだけ純資産に付加価値を加算できるか、という発想であるため、さまざまなリスクを考慮した結果として加算金額を決める。このため、その後にディスカウントするということはない。

　一方の「EBITDA 倍率法」は、同業他社の市場株価を参考にして “ 事業価値 ” を試算してみるという発想であるため、そもそもの “ 事業価値 ” 自体に曖昧さがある。そのため、そこからどれだけリスク分をマイナスするかという計算をするため、差額概念となる。

● 【図表5−11】「時価純資産＋営業権」と「EBITDA倍率法」の概念図

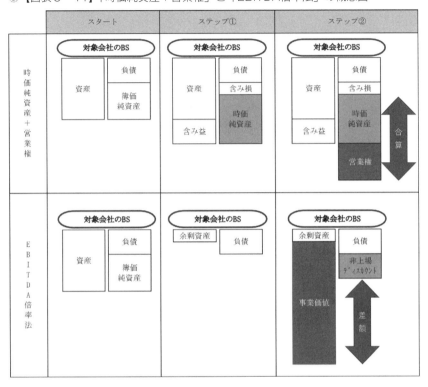

＜両者の違い＞

	時価純資産＋営業権	EBITDA倍率法
ステップ①	（一般的な時価評価）	• 事業に使用している資産は、すべてステップ②の「事業価値」に含まれるため、どれだけ含み益のある不動産をもっていたとしても株主価値には加算されない。 • 事業に使用していない余剰資産だけが株主価値に加算される。
ステップ②	• 営業権の評価は、事業価値を算定しているわけではなく、純資産に上乗せする金額を計算している。 • EBITDA倍率法のように将来リスク分は加味されていないため、マイナス（ディスカウント）はされない。	• 事業価値そのものを利益額から試算する。 • そこから将来リスク分をマイナスする（ディスカウント）。
株主価値とは（矢印の部分）	純資産に付加価値分を「合算」したもの	事業価値から負債やディスカウント分を控除した「差額」

3. ケーススタディ

(1) 直前期の財務諸表

DD が行われる前に提出された財務諸表及び事業計画書が下記であったとする。

貸借対照表（直前期）

現預金	（運転資金用）	500,000	買掛金	400,000
	（余剰資金）	200,000	借入金	890,000
売掛金		500,000		
在庫		400,000		
建物		100,000	資本金	10,000
保険積立金		100,000	繰越利益	500,000
		1,800,000		1,800,000

	確定値					予測値		
	5年前	4年前	3年前	2年前	直前期	当期予想	1年後	2年後
売上高	4,000,000	3,800,000	3,600,000	3,600,000	3,400,000	3,500,000	3,600,000	3,700,000
売上原価	3,600,000	3,530,000	3,377,000	3,360,000	3,180,000	3,270,000	3,340,000	3,420,000
販管費	200,000	220,000	220,000	190,000	190,000	180,000	180,000	180,000
営業利益	200,000	50,000	3,000	50,000	30,000	50,000	80,000	100,000
法人税等	70,000	17,500	1,050	17,500	10,500	17,500	28,000	35,000
当期純利益	130,000	32,500	1,950	32,500	19,500	32,500	52,000	65,000

〈過去平均営業利益〉

5年平均	66,600
3年平均	27,667
直近3年の比重（1：1：3）	35,667

(2) DD で判明した事項

どういった調査をするかによって、発見される事項は変わってくるが、金額に影響する事項としては下記のようなものが多いと思われる。

中小企業の決算書では、引当金に代表されるように、本来負債で計上すべき項目が計上されていないことが多いため、DD によってそういった事項が調査報告書に列挙されることになる。

発見事項	影響額 （営業利益）	影響額 （純資産）
①役員報酬は相場と比較すると年間20,000高額である。	毎年：　　+20,000	—
②妻と娘が取締役と監査役に就任している（2名分で年間10,000）。	毎年：　　+10,000	—
③社長のための役員保険に入っており、費用計上分が毎年5,000ある。解約返戻金相当は150,000ある。	毎年：　　+5,000	+50,000
④2年前に与信のない得意先に無理に販売したため、貸倒見込みの売掛金が50,000ある（販売時の粗利益は3,500）。	2年前：　△3,500	△50,000
⑤3年前と2年前に在庫金額を水増しした粉飾をしており、そのまま直前期の在庫金額に残っている。	3年前：△20,000 2年前：△30,000	△50,000
⑥5年前が利益のピークであり、業界全体が縮小傾向である。従業員の新規採用は中止している。	今後の 増益予想は疑問	—
⑦工場土地は社長の個人所有であり、年間賃料は5,000ある（土地の時価は100,000）。	—	—
⑧機械等の設備はリースで調達している。リース債務はオフバランスになっている（法定償却年数は経過しており、残債が50,000ある）。	—	△50,000
⑨引当計上をしていない。 ・従業員退職金分　100,000 ・社長の退職金分　100,000	毎年：　　△15,000 （年間増加分）	△200,000

(3) DDの結果を反映した純資産及び損益

　DDの目的はリスクの把握であるため、指摘された事項が純資産と損益に与える影響を金額として試算することになる。

●時価純資産の算出（修正純資産）

直前期末の簿価純資産	510,000
〈影響額〉	
③保険解約返戻金の評価益	50,000
④回収不能債権	△ 50,000
⑤架空在庫	△ 50,000
⑧リース料未払残高	△ 50,000
⑨引当金未計上	△ 200,000
小計	△ 300,000
修正後の純資産	210,000

【留意点】

・リース取引は、実態はノンバンクからの借入である。リース料は定額だが、減価償却は定率法で償却すると仮定すると、債務だけが残っていることになる。

・工場土地については、事業継続に必要なものであれば買収条件として、会社が買い取ることを要求する必要がある。現預金が土地に入れ替わるだけであり、純資産に変動はない。年間賃料は必要経費であるため調整対象にしないことが多い。

・税務上は、引当金は計上が認められていないため、一般的に中小企業の財務諸表には引当計上はされていない。つまり、計上基準の違いであり、粉飾しているわけではない。

●正常利益の算出（調整後営業利益）

	5年前	4年前	3年前	2年前	直前期
実績　営業利益	200,000	50,000	3,000	50,000	30,000
調整額					
① 役員報酬の相場差額	20,000	20,000	20,000	20,000	20,000
② 妻と娘の役員報酬	10,000	10,000	10,000	10,000	10,000
③ 社長向けの保険料	5,000	5,000	5,000	5,000	5,000
④ 無理な販売				-3,500	
⑤ 架空在庫			-20,000	-30,000	
⑨ 引当金繰入額	-15,000	-15,000	-15,000	-15,000	-15,000
小計	20,000	20,000	0	-13,500	20,000
調整後の営業利益	220,000	70,000	3,000	36,500	50,000

〈過去平均営業利益〉

5年平均	75,900
3年平均	29,833
直近3年の比重（1：1：3）	43,167

【留意点】

・役員関係の費用調整額は、買収後に役員を入れ替えた場合の金額を想定すればわかりやすい。つまり、上記①②③の費用は買収後は発生しなくなる。

・業績のよい会社であれば、役員関係の費用が相場よりも高いこと多い。このため、それを相場金額に戻すと、調整後の営業利益は実績よりも高くなることが多い。

---

(4) 買収価額の算定

DD で指摘された事項を反映させて、買収金額を再計算する。

特に、損益に影響を与える項目は、営業権と EBITDA にそのまま影響するため、買収金額に大きく影響する。

●時価純資産＋営業権

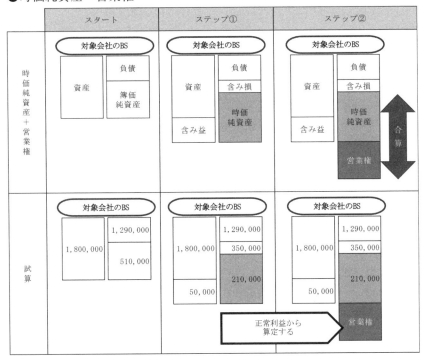

留意点

・評価損益に対する税金相当分を反映させるため、繰延税金資産及び繰延税金負債といった特殊な計算を別途行う（上記試算では省略している）。

・営業権は、別で算定した正常利益をもとに計算して、時価純資産に加算する。計算に使われる各種要素については、仲介会社等のノウハウである。

・通常、直近終了年度末の財務諸表を利用するが、それが何か月前のものかにより金額が変わってくる。

● EBITDA 倍率法

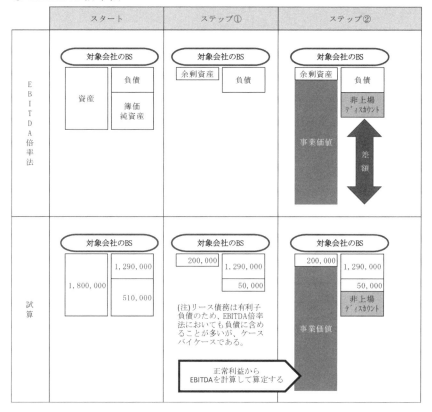

留意点

・余剰資産は、余剰資金や保養施設等の投資資産である。

・余剰資金は、運転資金に使わない資金であるが、実際の算定は難しい。定期預金等の貯蓄性預金に預け入れてあれば分かりやすい。上記の図のように、買収金額にダイレクトに影響するため、売掛金を期末日だけファクタリングで資金化している場合もあり要注意である。

・事業価値の算定結果は振れ幅が大きく、さらに非上場ディスカウントについては明確なルールはないため、差額である買収金額の振れ幅は大きい。

⑸ その他

　買収金額の算定のためには、まずは本当の姿の営業利益を試算することから始まる。オーナー企業である中小企業においては、役員報酬に代表されるように、利益率の高い会社ほど親族関連費用が一般的な会社よりも多い。すると財務諸表だけ見ると、営業利益は少なくなっているが、それを調整することによって本来の会社の利益率が把握できるようになる。このため、利益率の高い会社ほど、想定以上に高い買収金額が算定されることもある。

　また、損益計算書の予測値（事業計画）も提示してあるが、本ケーススタディで使用している箇所はない。一見、実現可能な損益予測にも見えるが、以下の点で実現可能性には疑問符が付く。

・DDで指摘されたように、5年前がピークで、売上高も右肩下がりである。

・増益のように見えるが、販管費の減少によるところが大きく、新規採用をしていないということは、定年退職等の自然減により会社規模が縮小していることがわかる。

　このため、このような予測値を買収金額の算定のために用いることは、中小企業のM＆A実務においてはあまりないと思われる。

　なお、上記の事例でも感じることであるが、決算書は成績表であるため、日頃から綺麗な決算書を作るように意識してほしい。例えば、赤字になりそうな期に決算操作をすることがあるかもしれないが、事情は理解できるが、こういった場合には非常に印象が悪くなる。さらに、税務上の否認リスクもいろいろと出てくるため、会計上も税務上も、本来あるべき正しい決算書を常日頃から作成するように意識するとよいと思う。

4．その他

⑴ 役員借入金が残っている場合

　中小企業であれば、役員借入金が残っている場合が多い。その場合、会社に資金的な余裕があれば一括返済すればよいが、資金的な余裕がないケースも多い。さらに資金的な余裕がない場合には繰越欠損金が残っている場合も多いかと思われる。

　M＆Aの買手にとって、買収後に売手である旧オーナーに役員借入金を返済することは理屈に合わないし（つまり買収後に買手が頑張って獲得した利益から返済することになる）、心情的にも許容できないものと思われる。このため、役員借入金はM＆A成立を条件にオーナーが全額債務免除をすることがある。債務免除をすることにより、会社側に債務免除益が発生し、繰越欠損金（法人税法上の繰越欠損金）が残っていれば、それと相殺できることになる。

　ここで注意すべき点として、オーナーが役員借入金を債権放棄した場合、オーナー自身において特別な課税関係は生じないが、会社の株主に対する「みなし贈与」の問題が発生する可能性がある。

　債務免除によって「みなし贈与」が発生するということは理解しづらいと思われるため、具体的に説明する。図表5－12の①は、オーナーからの役員借入金が 10,000 万円残っているケースの貸借対照表である。この会社には税務上の繰越欠損金が 10,000 万円以上残っていると想定されるが、ここで役員借入金の全額について債務免除を受けても法人税の課税が生じないため、債務免除を実行したとする。

● 【図表5－12】役員借入金が残っているケース

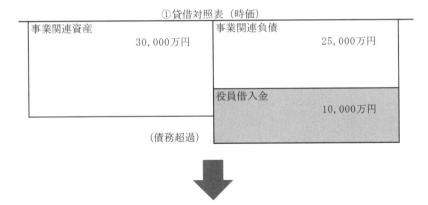

①貸借対照表（時価）

| 事業関連資産 30,000万円 | 事業関連負債 25,000万円 |
| | 役員借入金 10,000万円 |

（債務超過）

②貸借対照表（時価）

| 事業関連資産 30,000万円 | 事業関連負債 25,000万円 |
| | 株主価値 5,000万円 |

　債務免除後の貸借対照表は同図表の②の通りとなり、債務免除によって株主価値5,000万円が生ずることとなる。この会社の資本関係（持株はオーナーが50％、オーナーの子が50％を有しているという前提）は、債務免除によって次の通り純資産評価が増加することとなる。

● 【図表5－13】債務免除によって純資産評価が増加するケース

株主	持株割合	純資産評価
オーナー	50％	0万円
オーナーの子	50％	0万円

株主	持株割合	純資産評価
オーナー	50％	2,500万円
オーナーの子	50％	2,500万円

　図表5－13のとおり、税務上の見方としては、オーナーが有する役

員借入金 10,000 万円を債権放棄することによって、オーナーの子が有する自社株の価値が 0 から 2,500 万円に増加したと見て、オーナーからオーナーの子に対してその価値増加相当額の「みなし贈与」があったと判断されてしまう（相法 9、相基通 9 - 2）。こういったケースでは、贈与税申告にあたっては自社株評価を行い、正確な税務上の価値増加額を把握する必要がある。

　なお、この取扱いは解釈での適用ではなく、条文にて明確に記載されている。該当する税法及び通達にどのように記載されているかを知っておくと良いため、下記に該当箇所を示した（条文の一部は読みやすいように筆者が削除等している）。

【相続税法 9 条】

　（略）対価を支払わないで、又は著しく低い価額の対価で利益を受けた場合においては、当該利益を受けた時において、当該利益を受けた者が、当該利益を受けた時における当該利益の価額に相当する金額を当該利益を受けさせた者から贈与により取得したものとみなす。

【相続税法基本通達】

（株式又は出資の価額が増加した場合）

9 - 2　同族会社の株式が、例えば、次に掲げる場合に該当して増加したときにおいては、その株主が当該株式の価額のうち増加した部分に相当する金額を、それぞれ次に掲げる者から贈与によって取得したものとして取り扱うものとする。

(1)会社に対し無償で財産の提供があった場合　当該財産を提供した者

(2)時価より著しく低い価額で現物出資があった場合　当該現物出資をした者

(3)対価を受けないで会社の債務の免除、引受け又は弁済があった場合　当該債務の免除、引受け又は弁済をした者

(4)会社に対し時価より著しく低い価額の対価で財産の譲渡をした場合　当該財産の譲渡をした者

もう一つ注意すべき点として、Ｍ＆Ａによってオーナーが入れ替わり、結果として繰越欠損金を利用することになった場合、一定の条件に該当するとその繰越欠損金の損金算入が制限されてしまうことである（法人税法57条の２）。この規定が適用されるのは特殊な場合だけではあるが、事前の税務リスクの把握及び検討はＭ＆Ａにおいては必須である。

⑵ 役員退職慰労金を支払う場合

　中小企業の場合、オーナー＝役員であるケースがほとんどであり、Ｍ＆Ａの際の買収金額の支払方法は、役員退職慰労金の支払いとセットで考える必要がある。

　図表5 - 14 は、オーナーの株主価値が 25,000 万円というケースの貸借対照表である。この会社の 100％ の株式をオーナーが保有していたとし、計算の便宜上、取得価額はゼロと仮定する。この状況において同図表①の株主価値相当額で持株の全株を譲渡した場合、オーナーには譲渡税（譲渡価額の 20.315％）を差し引いた 19,921 万円が手に入ることになる。

　ここで役員退職慰労金の支払について検討する。この会社には、オーナーと共に創業より手伝っているオーナーの妻が役員に就任しており、役員退職慰労金はオーナーだけでなくオーナーの妻にも支払われることとする。

　役員退職慰労金を支払うと同図表②のとおり"株主価値"が下がり、買収金額も下がることになる。オーナー本人にとっては株式譲渡による手取額は少なくなるが、同図表③のようにオーナーとオーナーの妻が受取る役員退職慰労金も含めた手取総額は 20,816 万円となり、役員退職慰労金を支払わずにオーナーが全株譲渡した場合と比べて手取額が 895 万円多く残ることとなる。

　なお、役員退職慰労金を税務上の限度額を超えて支払う場合には、法人税の損金とはならないため留意が必要である。

●【図表5-14】オーナーの株主価値を認識したケース

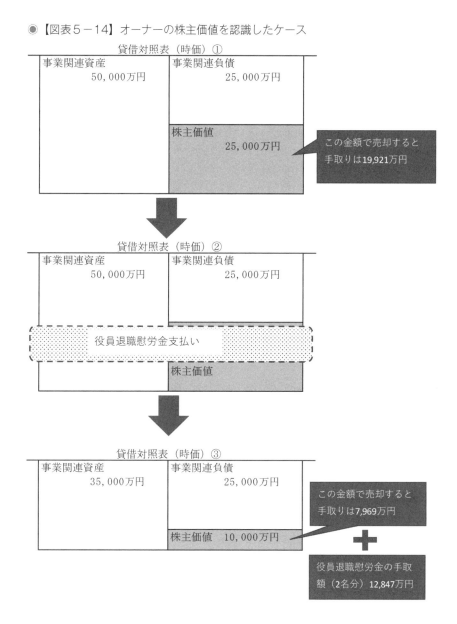

【前提条件】

・オーナー、オーナー妻ともに役員として40年勤務

・最終月額報酬　オーナー月100万円、オーナー妻月50万円

・功績倍率（税務上適正である前提）　オーナー 3.0 倍、オーナー妻 2.5倍
・オーナーの退職金は上記の限度額以内である 1 億円とした。
・オーナー妻の退職金は上記の限度額以内である 5,000 万円とした。
・株式譲渡税の税率は 20.315%
　（譲渡税は計算の便宜上、譲渡価格に譲渡税率を乗じて計算しているが、実際の譲渡税計算は譲渡価格から株式の取得費を差し引いて計算する）
・所得税には復興特別所得税も含まれている。
・住民税は 10% としている。

役員退職慰労金支払前

株主	株式譲渡収入	手取額	
オーナー	25,000万円	19,921万円	A

役員退職慰労金支払後

株主	株式譲渡収入	手取額
オーナー	10,000万円	7,969万円

役員	退職金総額	手取額
オーナー	10,000万円	8,302万円
オーナー妻	5,000万円	4,545万円

手取額合計　| 20,816万円 |　B

差額　| 895万円 |　B-A

（役員退職金計算明細）　　　　　　　　　　　　　（単位：万円）

役員名		オーナー	オーナー妻
退職金総額	A	10,000	5,000
退職所得控除額	B	2,200	2,200
A－B	C	7,800	2,800
C＊1/2	D	3,900	1,400
所得税	E	1,308	315
住民税	F	390	140
控除計（E+F）	G	1,698	455
手取額（A－G）	H	8,302	4,545

(3) 不良債権がある場合

　売手の会社に、何らかの理由で税務上、損金処理できない不良債権が多額に計上されている場合がある。M＆Aの際には、買手における当該債権の時価評価額はゼロになるが、損金処理できなければ債権額面の税金相当分（約 30%）の納税債務を引き継ぐことになってしまう。これを回避する方法が第二会社方式である。

　第二会社方式とは、既存の会社を会社分割の手法を使って、事業部門だけを新たに設立した新会社に承継させるとともに、債務のみが残った既存の会社を特別清算するというスキームである。この手法を採用する

場合でも、その手法を採用した経済的合理性が必要だと思われる。

(4) 経済的合理性の必要性

　上場会社等の大規模なM＆Aであれば、公平中立な立場である第三者の評価書で価値算定が行われ、税務上も問題となることは少ないと思うが、中小企業のM＆Aの場合はその中立性がなく恣意的な価値算定になる可能性が高く、後で税務否認されるリスクも高くなりがちである。そのため、中小企業のM＆Aにおける買収金額評価は、税務否認対策が主目的になっていまい、税法規定をいろいろと考慮することによって極めて複雑な実務になってしまっている。

　税務リスクを考える上で、まずは何よりも経済的合理性があるかどうかを主張できないといけない。

　中小企業のM＆Aで最もよく利用される「純資産＋"のれん"」の評価方法であるが、単に理由もなく利益の数年分を上乗せしただけであれば寄付行為になってしまう。中小企業のM＆Aでは何か特別なものに"のれん"を認識したからこそ売買があるのであって、それが何かを見極め、それを"のれん"として認めたと主張できるようにする必要がある。

　例えば、個人経営の病院のM＆Aの場合、医師に患者が付いているケースが多いため、まさに医師自体に"のれん"があることになる。このため、当該医師が引退していなくなる前提のM＆Aにおいては、"のれん"の価値はゼロになる。「患者数×単価」で"のれん"を計算することもあるようだが、当該医師が引退することによって患者が離れることが予想されるため、相当な割引が必要になろう。

　別の例で、税理士事務所のM＆Aの場合、"のれん"は税務顧問の顧客そのものである。しかし、その顧客を維持しているのは、所長の税理士ではなく優秀な職員であるケースもある。その場合、当該職員に"のれん"が認められるため、その"のれん"の正体であるキーパーソンが誰なのかを特定しなくてはいけない。当該キーパーソンがM＆Aを契機に退職してしまわないかどうか、また当該キーパーソンが継続勤務して

くれたとしても、一般的には徐々に既存顧客は減っていくのが実態であるため、"のれん"の計算は単純に利益に年数を掛ければいいわけではない。

中小企業であるからこそ、利益の源泉が特定可能であり、逆に言えばその源泉は限定されているため、その利益の源泉がM＆A後も自社に対しても利益をもたらすのか、M＆Aによって源泉が枯れてしまわないかを慎重に吟味しなくてはいけない。また、買い手側にとってのシナジー効果（相乗効果）も考慮する必要があるが、シナジー効果は"のれん"とは違うため、それらを総合的に検討してから最終的な買収金額を算定することが望ましい。

多くの場合、中小企業の利益の源泉は人材であり、それが経営者本人であれば"のれん"はM＆Aによって失われる可能性が高い。一方で、利益の源泉が従業員であれば、昨今の人材不足・人材流動化の状況下で、その源泉も容易に失われる可能性が高い。

このため、中小企業のM＆Aにおいては、その経済的合理性を慎重かつ十分に考慮した上で、自社にとってどのようなメリットがあるのかを判断してから、事業価値又は"のれん"を算定する必要がある。それが明確にできれば、買収金額に関する税務リスクは大幅に低減できるはずである。

⑸ 将来利益又はキャッシュフローの算定上の留意点

買収金額の算定で利用される"利益"や"キャッシュフロー"を考える上で大きく影響を与えるのが、税引前か税引後かである。税務上の繰越欠損金がある場合にはさらに複雑になる。理論的には税金は必要コストであるため、税引後で計算すべきと思われるが、実務上はどちらのケースもある。

また、退任予定の旧経営者の役員報酬を利益に足し戻すことも多いが、実際には旧経営者の代わりに誰かが経営管理をすることになるため、その人件費が代替で発生することを考えると、全額足し戻すことが妥当なのかどうかは慎重に検討する必要がある。

　さらに、旧経営者への退職慰労金の支払いをどうするか、役員借入金がある場合はどのように解消するか、税務上の繰越欠損金がある場合の組み合わせなど、営業権（のれん）とは関係のない事項で事業価値が大きく変動するのが中小企業のM＆Aの特徴であるため、事前の検討が非常に重要である。この検討の際、それぞれの処理における税務上の益金損金の可否判断をしなくてはいけないが、常に経済的合理性が必要になる。

　上述した事項を解決した後、数年分の利益等を純資産に上乗せするのだが、上乗せ年数は実際には概ね1～7年程度と幅がある。根拠としては、買収後3年ぐらいは引き継いだ効果が継続するという過去経験則があるとも言われるが、ひと昔前は5年分（税引後で10年分）と言われていた時代もあった。上乗せ年数については、特に明確な理屈があるわけではなく交渉事ではあるが、なぜその年数に決定したのかついても買収側の理由や交渉記録を残しておく必要がある。

⑹　事務手続き上の留意点

　中小企業特有の留意点であるが、取引先銀行の了解が必要なことである。借入金に対して社長が個人保証と担保差し入れをしている場合、保証人の交代と担保入れ替えをすることになる。取引先銀行がそれを承諾してくれなければ、M＆A自体が破談になる。

　また、重要な事業拠点を賃借している場合には、不動産オーナーの了承を得ておく必要がある。賃貸借契約に、株主の変更があった場合の条項が入っているケースもあり、その点についても事前の確認が必要である。その他、許認可事業であれば、当該許認可が継続できるかどうか、許認可を維持するために必要な資格保持者が退職しないかなど、中小企業のM＆Aは大企業のM＆Aよりも難しい面がある。

第6章
M＆A事例紹介
―株式会社日本M＆Aセンター協力―

中小企業のＭ＆Ａ自体は、ほとんどの場合、オーナー経営者の後継者問題が発端となって発生する。

（後継者問題）

　　・そもそも後継者候補がいない。

　　・後継者候補として自分の子供はいるが、本人に継ぐ気がない。

　　・後継者候補として自分の子供はいるが、能力不足で経営を引き継がせるわけにはいかない。

　中小企業における経営者の最大の責任は後継者を育成することである。後継者は、必ずしも親族でなくてはならないわけではなく、従業員でも構わない。何よりも大事なのは、従業員及び地域経済のために会社を存続させることであり、そのために何が第一優先であるのかを考える必要がある。

　「家業を継ぐ」ことに崇高な価値があるとされた時代は終わり、さらに経済が低迷していることもあり、自分の子供には、家業を継ぐ必要はないと言って子育てをしている経営者は大勢いる。そういった経営者がいざ後継者問題に直面すると、やはり消去法で、自分の子供しか後継者がいないということに気づく。しかし、すでにその時点では子供が事業を継いでくれる可能性は低い。同様に、従業員の中にそのような候補者はまずいない。なぜなら、後継者候補として扱ってこなかったからである。さらに資金的にも、従業員に株式を買い取ってもらうことは極めて難しい。

　以上のように、後継者問題は長期的な視点で検討しなくてはいけない重要な事項であるが、現実は難しく、親族以外に引き継がせればいいと言っても、最初からそのように割り切ることができる経営者は稀であり、そこで最終的にＭ＆Ａによる事業承継が選択肢として出てくる。

ケース1　買収するつもりだったが、売却することに転向したケース

【業界情報】

医療業界のM＆Aについて

　医療・介護業界は後継者不在率が非常に高く、この数年、M＆A件数が最も増加している業界である。中でも医療業界（病院やクリニック）においては、子息が医師になってはいるものの、親の病院を継がない、クリニックを継がないといった状況が非常に多くなってきている。その背景には、国の医療制度の方針変更、人口減少、訴訟リスクの高まり、看護師の人材不足などで、病院経営が非常に厳しい時代になったからである。

　（注）ちなみに病院とクリニックの違いは、ベッド数が20床以上であれば「病院」、19床以下（ベッドなしもこれに含む）であれば「クリニック」と理解しておくとよい。

　クリニックに限っていえば、後継者不在率は90％を超える勢いである。通常、親が地元で開業医の場合は、親としては子供にも医師になってもらい病院を継いでもらいたいという願望が強い。さらに一般的なサラリーマンに比べて経済的に裕福なこともあってか、子供を学費の高い医学部に通わせることができ、結果として子供は親の期待に沿い、難関の医学部に合格し、見事国家試験を合格して医師になっていることが実際に多い。しかしながら、せっかく医師になったにもかかわらず親の病院の跡を継がない理由として、①田舎に帰りたくない、②診療科目が違う、③経営をやりたくない、というのが多く聞かれる意見である。特にクリニックのような小規模病院は、よほど経営を工夫しないと病院としては繁盛しない世の中になってきており、そのためにはITツールの活用などもやらなくてはならず、勤務医とは違った超ハードワークとなる。

　以下、よくある話である。

《理由①田舎に帰りたくない》

　田舎出身で勉強を頑張り、それこそ神童と言われながら、東京の大学の医学部に合格し、卒業後も東京の大学病院で勤務していた息子さんがいた。勤務医は超ハードワークであり、親と話し合う時間もないまま、そのまま東京の女性と結婚し、東京で結婚生活を始める。湾岸地区のタワーマンションを親の援助をあてにして即金又はローンで購入し、めでたく子供も２人くらい生まれた状況になる。子供がこの年齢くらいであれば、親もまだ現役であり、もう少し経ったら帰ってくるであろうという淡い期待を持っている。しかしながら、この孫たちが中高大一貫教育の有名私立校に合格してしまうものである。こうなってしまうと、孫たちが大人になるまで二十数年間、息子夫婦は身動きがとれなくなり、地元に帰ってくることは実際には出来ない。また都会の便利で優雅な生活に慣れている奥様からすると、不便で何もない田舎生活には抵抗がある。そうなると、「田舎に帰って父親の病院を継ぐ」という気持ちを親孝行な息子さんが持っていたとしても、奥様の大反対にあって頓挫するのである。

　そもそも地方から東京の大学に行った時点で、病院を引き継いでもらうという夢は半分は諦めたほうがよい、という現実がある。

《理由②診療科目が違う》

　父親が内科のクリニックを経営しているものの、子供は整形外科が専門、といったことはよくある。世間的には医師は神様であり、医師であればなんでも知っていると思われているが、医師といっても診療科目が違えばまったく畑違いなのである。

　このため、子供が継いだとしても、クリニックに置いてある設備が役にたたない、患者の引継ぎが出来ない、ということになってしまうので、父のクリニックを引き継ぐというのではなく、自分で独立し、最新式の設備と見栄えの良い建物になるため経営上もいいことになってしまう。

　また、大学に残って研究を続けたい、という希望を持っている事例

もよくみられる。

《理由③経営をやりたくない》

　それなりに病床数を持った病院となると、設備投資がかなり必要になる。実際、多くの病院は昭和30年～40年代に建設されており、全国各地の公的病院、民間病院すべてが建て替えを検討する時期になってきている。しかしながら、昨今の建築コストの増加、衛生環境の整備、駐車場の確保、IT投資など、病院を建て替えるとなると相当な出費を覚悟しなければならず、銀行から十数億円の借金をし、20年とか25年の超長期で返済していくことになる。

　資金的なものは病院事業が順調に続けられればなんとかなるかもしれないが、それよりも悩みの種は人材マネジメントである。高齢になった勤務医の後任をどうするか、ベテラン事務長もそろそろ定年になりそう、看護師は常に不足気味、またそれぞれの部署で仲が悪く、スタッフはいつも愚痴をこぼしている、セクハラ・パワハラの問題がある、政府は働き方改革だと迫ってくる、など心身ともにすり減っていく状況に陥る。

　昨今の情報社会の中、子息もそういった地方病院の現状は重々承知しているため、「親父のあとを継いで病院経営をするなんてリスクが高い。ひょっとしたら倒産する可能性だってある。それであればこのまま安定した勤務医をやっていたほうがいい。」という判断をしてもおかしくないのである。

	R社（売手）	N社（買手）
法 人 格	医療法人（出資持分あり）	医療法人
所 在 地	関西	東海
売 上 高	約5億円	約70億円（グループ全体）
施設状況	関西地区に10拠点	東海地区一円に医療・介護の大規模施設を複数展開
譲渡理由	後継者不在	
スキーム	100％出資持分譲渡 （退職金＋持分譲渡：退職金のほうに金額ウェイトを置いた）	

M&Aを希望した背景

　本件は、最近注目を浴びている医療施設付きのマンション販売や訪問診療など、従来の設備型病院経営ではないことを積極的に推進している医療法人の事例である。

　最初の接点は、同業の訪問診療を行っている医療法人を「買収したい」と売手のオーナーであり理事長でもある先生からの相談であったが、それが最終的には全く逆の「譲渡したい」という要望に変更したという事例である。

　実は、最近このパターンは増加傾向にある。世代として拡大意欲が旺盛な60代後半から70代前半の経営者が、買収を検討するなかでM&Aについて詳しくなり、改めて自らの将来を見つめ直すうちに「逆に自分のほうが譲渡したほうがいいかもしれない」と思うに至るのである。

　この理事長には、医師免許をもった息子さんがおられ、無事に医学部を卒業後、そのまま大学病院に残って研究をされていた。理事長としては、当然息子が跡を継いでくれるものと思い込んでおられ、息子の意思は敢えて確認することなく、本件については仲介会社とだけM&A戦略を含めた医療法人全体の将来的な事業計画について話をしていたのである。しかしながら、その事業計画は10年以上にわたるものであり、跡を継ぐであろう息子の意思確認をしなければ絵に描いた

餅でしかないため、仲介会社が「念のため息子さんの事業承継の意思確認をしましょう」と提案したことが発端となった。

　買収であっても売却であってもＭ＆Ａを検討する場合は、必ず、そもそもなぜＭ＆Ａを考えているのか、将来的にはどのようにしたいのか、といったことを明確にしなくてはならない。Ｍ＆Ａはあくまで経営手段の一つであって、目的ではないことから、まずは目的を明確にしておく必要がある。その目的を達成するためにＭ＆Ａという手段を選択肢の一つとして利用するだけであり、そもそもの目的が曖昧ではＭ＆Ａ自体も上手くいかず、仮にＭ＆Ａをしたとしてもその後の経営はうまくいかないことが多いのが現実である。

　本件においても、なぜＭ＆Ａを行って医療法人を拡大させたいのか、将来的にはどれくらいの規模でどういう経営をやっていくのか、そのためにはヒト・モノ・カネの経営資源をどうするのかを仲介会社とともに検討した。理事長は高齢であり、Ｍ＆Ａで他の医療法人を買収してどんどん大きくなっていったところで、後継者を無視して将来を語ることはできない。後継者がいないのであれば根底からこの計画が覆ってしまうからである。

　親子が面と向かって相続問題を話しあうことは少なく、こういった機会及び第三者（仲介会社）からの助言で初めて家族会議をするということは多い。今回、たまたま息子夫婦も含めて３世代全員で旅行に行く機会があるとのことだったため、その時に家族会議を開いていただいた。そうすると、案の定ではあるが、息子からは「このまま大好きな研究を今後もやっていきたい、経営者にはなりたくないので父親の跡を継ぐ気はない。」と言われたのである。理事長としては、かなりショックを受け「何のためにこれまで頑張ってきたのだろうか」と落ち込んでしまったのと同時に、Ｍ＆Ａで他法人を買収する目的がなくなってしまったのである。

　こうなると、Ｍ＆Ａどころか、自分の病院をどうするのかというほうが難題となる。医療法人経営は特殊であり、親族内で後継者がいないとなると、親族外で後継者を探すしかないが、基本的には理事長は

医師である必要がある。このため、残された選択肢は２つしかなく、医療法人の中、すなわち医療法人の理事で次期理事長になってくれる人物を探すのか、それとも医療法人の外、すなわち他の医療法人と連携して外から次期理事長を招聘するしかない。

なお、次期理事長となってもらう人材を一本釣りのヘッドハンティングで招聘する方法もあるが、それなりの医療法人であれば、相当に純資産が厚く、出資持分を譲渡するとなると一個人ではとても支払うことはできない金額になる。個人で億単位の借金してまでヘッドハントで招聘に応じる人はまずいない。もっとも、現理事長が「お金はいらない。ただでもいいので引き継いでほしい。」ということであれば、「出資持分なし」の医療法人に転換し、理事長は退職金だけもらって交代するという手法も取れるが、いざとなるとそこまで無欲になれる人はいない。

相手への要件
・入院施設を持っている。介護もできる。
・医師免許を持っている新理事長を派遣してくれる。
・診療報酬改定が間近に控えているし、情報漏洩リスクもあるため、できるだけ早く決めてもらいたい。

【買手のニーズ】

相手への要件
・特殊な業界であり、出資して配当金で回収、といった概念はないため、基本的には退職金で清算してほしい。

【Ｍ＆Ａの結果】

スケジュール	
２月中旬	医療法人を買いたいという相談で、Ｒ社理事長と仲介会社が初回面談
７月下旬	Ｒ社理事長が逆に譲渡したいということになり仲介契約締結

9月下旬	買手と仲介契約締結
	トップ面談
9月下旬	意向表明締結、DD 実施
9月下旬	最終契約書の締結
10 月中旬	クロージング

DD 実施事項

・財務（通常の決算を基にした財務 DD）

・労務（サービス残業の有無、従業員の退職理由、従業員の採用方法、年齢・勤務年数）

・行政対応（適切に診療報酬請求しているか、届け出をしているか、資格者が適切に配置されているか）

・経営（レセプトデータ分析による経営状況の分析など）

・診療報酬の不正請求の有無

買収価額の決め方

①「純資産＋営業権」による評価方法について

純資産については時価を調査した。

営業権は営業利益の数年分で計算するが、対象となる業種や成長性によって異なる。よく言われる3年分というのは、全業種の平均年数である。

医療業界の場合は、設備の古さやベッド数等により営業権の年数は0～3年の範囲で決まることが多い。なお、成長著しい IT 業界などは5～7年分の評価となることもある。

② EBITDA 方式について

「純資産＋営業権」と大きく違うのは、不動産や純資産を考慮しない一方で、会社の収益性と現金を重視する方法であり、投資した金額を何年で回収できるか、という視点で判断するには適した指標である。上場企業などはこの考え方で投資することが多い。

銀行借入をして不動産をたくさん持っており、それなりに純資産はあるが、利益は少ない（またはマイナス）という企業は、この方式で

は高い株価にはならない。逆に、利益額が大きく、借入も少ない企業は純資産が蓄積されていようがいまいが関係なく高い評価となる。

　医療法人の場合は、前者のケースが多く、過去の利益の蓄積で純資産は厚いが、最近の利益は少ないことが多く、本件も含めてEBITDA倍率法を採用することは少ない。

買収条件

・現理事長は、1年間は顧問として残る。
・主たるドクター3名及び事務長の同意書を得る。

売手側のメリット

①さらなる業容拡大のためには入院施設を持った病院や介護施設を充実させる必要があったが、病院を新たに建設しようとしても、病床数は行政の総量規制がかかっており、自由に病院を建設することはできない。また認可が下りたとしても、建設費が高騰しているなかで、多額の資金が必要となり、金融機関からの長期借入が必要不可欠である。

　理事長自身が年齢的に体力も衰える中、息子が病院を継ぐ気が全くないということが判明した。社会インフラである当病院は継続させるのが自分に課された責務である一方、今後の医療業界の競争の激化を考えた結果、当初とは全く逆の譲渡という決断にいたることができた。

②長年、病院経営に心血を注いできた結果、それなりの純資産を貯めることができた。引退に際し、今までの功労としてそれなりに金銭を得ることで心理的に満足が得られるのだが、それを負担することができる承継先を見つけることができた。

③頼りになる仲介会社に相談したことにより、「どういった企業を買収すべきか」という単なるマッチングの相談だけではなく、「そもそも何故買収をする必要があるのか」「買収に伴うリスクはなにか」「将来の自社の経営をどうしていきたいのか」といった中長期的な視点で考えることが初めてできた。M＆Aは目的ではなく、あくまで目的を達成するための手段だということがわかり、M＆Aを検討

することで、病院及び自分の人生の先に何があるのか、何をしたいのかということを初めて具体的に考えることができた。

　本件は、息子との話し合いを経て、わずか数か月で自社の譲渡を決断した珍しいケースであったが、どうすることが自社及び地域医療サービスの将来にとって最善なのかということを私利私欲を捨てて決断した立派な経営者でもあり医師でもあった。

買手側のメリット

①競争が激化している医療業界においては、規模を拡大しないと経営が安定せず、同時に質の高い安心できる医療サービスを提供できない。

　買手側としては、東海地区でガリバーとして拡大してきたが、飽和状態になっていた。激戦区でありながらも次の進出先としてR社のテリトリーでの拠点拡大が今後の課題となっていた。本M＆Aにより、全く新規で進出するよりも、圧倒的に時間とコストを削減することができた。

②病院経営は、労働集約産業であり、例えば訪問診療であれば夜間の緊急呼び出しなど医師への負担が大きく、複数の拠点間で医師やスタッフを連携させることが生き残りには必要とされている。このため、規模の小さい医療法人では少数の医師しか確保できていない状態が多く、その状況で、ニーズがあるからと安易に訪問診療業界に参入したとしても、医師の体力的・精神的疲労が蓄積してしまい、最終的に撤退を余儀なくされるというケースも散見される。この点、M＆Aであれば医師及びスタッフが確保できるため、医療業界のM＆Aにおいては病院を買収するというよりも、医師及びスタッフをまとめて採用できる、というメリットがある。

医療法人特有のポイント

　医療法人のM＆Aについてまず確認すべきは、売手側の医療法人が「出資持分あり」なのか「出資持分なし」なのかである。平成19年に医療法が改正されており、平成19年3月31日以前に新設された医療法人は「出資持分あり」、平成19年4月1日以降に新設された医療法

人は「出資持分なし」となっている。

　そもそも出資持分とは株式会社でいう株式と同じようなものであり、「出資持分あり」の医療法人であれば、出資持分を売買することで医療法人の経営権を移すことが可能である。つまり、出資持分に売買価格が付き、設立時に出資した金額よりも高く売却することが可能となるが、株式と同様、相続財産の一部を構成することになる。

　一方で「出資持分なし」の医療法人の場合は、所有者はいないことになるため、売買という概念がない。「出資持分のない」医療法人のM＆Aの場合は、理事長の受取額は退職金のみとなる。

　医療法が改正された大きな理由の一つとして、この出資持分の相続問題があった。「出資持分あり」の医療法人の出資持分の所有者（多くの場合は理事長先生）が死亡すると、当該出資持分について時価評価され、相続財産として計算されることになるが、その相続人は多額の相続税を支払う必要がある。ただでさえ医師業を引き継ぐこと自体困難である上、税金問題まで発生しては社会インフラである医療サービスを維持することができない。このため、医療法が改正され医療法人は「出資持分なし」に変更されたのである。この医療法人では持分の評価がないので相続税を心配する必要がない。

　よって将来の相続税対策のため、「出資持分あり」の医療法人を「出資持分なし」の医療法人に変更しようと考える理事長は多いが、もしも相続ではなくM＆Aをするのであれば出資持分の評価をしてもらえなくなるので不利になってしまう。また一旦「出資持分なし」の医療法人に変更してしまうと、「出資持分あり」の医療法人に戻すことができないため、相続税対策を優先して安易に「出資持分なし」にしてはいけないことになる。後継者としっかり話をして本当に跡を継ぐ覚悟があるのか、病院経営をどうしていくのかなどをしっかり確認することが必須である。

ケース2　株式はすべて売却したが、子供はそのまま会社に残ったケース

【業界情報】

概要
本件企業は製造業である。 　製造業は裾野が広く、買収意欲が高い業種であり、売手も買手も候補企業は幅広く多数現れる傾向にある。一方で、M＆Aによるシナジーを十分に発揮するためには、売手と買手の両社にとって確認しておくべき項目が他の業種と比較すると多岐にわたる。このため、他の業種と比べてマッチングの難易度は高い。 　事前に検討しておくべき項目としては、以下が挙げられる。 ①企業風土 　他業種でもいえることではあるが、非常に几帳面で実直なタイプのメーカーと、アグレッシブでリスクを取りながら営業を行うメーカーでは同じメーカーでも全く企業風土が異なってくる。M＆Aの目的にもよるが、特に買手側は自社と異なる文化・風土の企業と提携すべきなのか、自社と近しい文化・風土を持つ企業と提携すべきなのかを事前に明確にしておく必要がある。 ②取引先 　製造業は系列がはっきりしており、特に自動車業界などは上流から下流まで色分けすることができる。このため、対象会社がどの系列かによっておのずと買手は限られてくる。特定の系列と取引する場合には、その系列独自の商流や慣行、品質基準があり、当然系列の守秘義務もあるため、仲介会社としては案件化時点で早期に把握しなければならない事項である。 ③得意とする素材や技術 　分業が進んでいる製造業においては、同じ加工作業であっても、得意とする素材があったり、当社独自の技術があったり、さらには得意

とするサイズまであったりする。その点でも買手企業が限定されてしまうため、事前に詳細を把握しておかなくてはならない。

④使用している工作機械の製造元

　意外と社長の嗜好が表されるのが、使用している工作機械の製造元である。国内メーカーもいくつかあるが、近年では中国メーカーも選択の対象になってきている。さらに、新品なのか中古でいいのか、といった嗜好もはいってくる。基本的には社長の好みなのであるが、工場長のこだわりもあり、すぐに変更することは難しい。特に、中国メーカーの工作機械は安いがすぐに壊れる、といったイメージで日本メーカーの工作機械を愛用する中小企業は多かったが、補修部品の安さ、ライフサイクルの短縮化、中古市場での売却のしやすさから、中国メーカーの工作機械を積極的に使用している会社が出てきている。その点にこだわりのある買手の場合には、その情報を事前に把握しておく必要がある。

⑤製品の用途

　中小企業であれば、ラインに乗る量産品ではなく、試作品用の部品や研究開発用の特注品がメインの会社もある。その場合、生産品目は基本的には極秘になっているため、事前に情報を入手するのが難しい面がある。

⑥業種特有のリスク

　製造業は、工場用地を持っているため、それに関する特有のリスクがある。例えば、メッキ関連であれば土壌汚染、プレス関連であれば近隣からの騒音苦情、古い建物であればアスベスト等である。また、中小企業のM＆Aの場合、比較的工場が古いケースが多いため、建て替えにはいくらコストがかかるか、また、そもそも適法建築なのか等は事前に確認しておかなくてはならない。

　製造業の譲渡相談は比較的多い。特に、後継者候補である親族が社内にいるが、本人は生涯技術者でありたいと考えているため、事業承継する意思が無いというパターンが多い。どの業種にも言えることであるが、特に製造業については、経営者としての道を選ぶのか、技術者としての道を選ぶのかを早期に後継者候補と対話して明確にしておくことが、円滑な事業承継を実現する上で欠かせない。

【案件情報】

株主構成及び会社規模
売上：5億円
経常利益：1億円
従業員：10人
業種：板金加工業
株主：4名
会長　（依頼者：父親）：40%
社長　（長男）　：20%
専務　（次男）　：10%
工場長（会長弟）：15%
監査役（会長妻）：15%

会社の特徴

　東北の製造業中心地から少し離れた地方部に立地している板金加工業である。

　もともとは本件依頼者の父が創業した会社であり、50年以上の歴史を持つ老舗企業である。対象会社の属する業界は過去に競争が激化したことのある業界であり、業績が厳しい時期もあったが、周辺同業が次々に廃業していったこともあり、残存者利益を享受していた。

　業績としては、役員報酬をそれなりにもらった上で、経常的に利益を1億円以上稼ぐ超高収益企業である。技術力、納期にも定評があり、上場企業グループとの直取引口座も持っている。役員も含めた全従業員の半数以上が親族という典型的な同族企業であり、最終的な経営の

意思決定はすべて一族がおこなっていた。

　販路は全国にあったが、主には東北の工場地帯に本拠を置く産業機械メーカーへの納入を行っていた。潤沢な資金を元手に設備投資にも積極的で、近隣では珍しい最新式の設備を導入したり、短納期にも応えられるように受注余力を残しながら経営をしている。さらに、顧客からの要望をベースとしながらも自社独自で検討をおこない、より生産性の高い設計を行う等、付加価値の高い提案型営業も得意であった。高卒採用も定期的に実施し、従業員の教育や技術伝承を行いながら、人件費も抑えることができていた。

M&Aを希望した背景

　本件依頼者である取締役会長は団塊の世代であり、気力・体力ともに限界を感じ始めていた。監査役でもある妻も経理として社内に入っているため、過去に業績が悪化した際には相当な苦労をかけてしまっており、そろそろ2人とも引退して老後を楽しみたいと考えていた。

　会社には親族が多く残っており、特に2人の息子が経営者候補ではあったが、本人たちはあくまで職人でありたいとのことで、経営に関しては全く興味がなく、仕方なく廃業することを決断した。

　その旨を最大の取引先であるX社（本件譲受企業）に伝えたところ、本件企業が廃業してしまうとX社自体の事業が立ち行かなくなると泣きつかれ、顧問税理士に相談した。たまたまこの顧問税理士が日本M&Aセンターの事業承継セミナーに参加した直後であり、会長に対してM&Aの有用性を助言したところ、会長からもM&Aの有用性について聞きたいとのことで、日本M&Aセンターのコンサルタントとの面談を希望された。

相手への要件

　依頼者である会長の要望は下記であった。

①従業員の雇用継続

　対象会社に勤める従業員は勤続10年以上のベテランがほとんどであり、いずれも事業の運営に欠かせない人材であった。また、近隣の

工業高校、商業高校から新卒の受け入れも定期的に実施しており、経理や総務に 20 代の従業員もおり、M＆Aを実行したとしても地元の老舗企業として従業員の雇用継続を守ることは絶対条件であった。

②対象会社で働く息子を含む親族の雇用保証

　本件依頼者の息子を始め、親族が対象会社で働いており、自分だけ株式を売り抜けて引退するわけにはいかない。また、本件企業の製造部長、営業部長等の要職として日々汗を流し働いてもらっており、本人達も譲渡後も今の仕事の継続を希望していた。

③技術力を理解してくれる企業と一緒にやっていきたい

　M＆Aにより事業譲渡を実行したとしても、事業は継続していかなくてはならない。本件企業の事業内容、技術は非常にニッチであり、その収益性だけを目当てで買収を行うような企業では、その技術力の把握が難しい分野であり、普通の会社では到底理解できないのではないかとの危惧があった。技術力を理解してくれなければ、遅かれ早かれ、現従業員は離れていってしまう可能性があった。このため、譲渡後のシナジー、役職員の幸福等を考えた結果、技術力が分かる相手との提携は必須であった。

④近隣エリアの買手は避けたい

　本件企業が立地するエリアは比較的地方部であり、東京、大阪や名古屋等の都市圏と比べるとM＆Aの活用は一歩遅れていた。万が一本件企業が身売りをするという噂が広がってしまった場合には、顧客離れ、人材引き抜きなど一定のダメージを受ける可能性があり、マッチング先は少し離れたエリアの企業である必要があった。

⑤最大得意先 X 社への売却を最優先にしたいが、良い条件も引き出したい

　長年の取引先 X 社であれば一番良いと本件依頼者は考えていた。

一方で、最初からX社とだけで相対交渉を行うとなると、良い条件を引き出すことができない。そのため、最終的な理想形としては得意先X社への売却を想定しつつ、一方でそれ以外の良い条件があるかもしれないので、まずは幅広に候補先を検討してみることとした。

⑥資本力があり、安定して会社を経営できる企業

　本件企業は年商こそ約5億円だが、経常利益で1億円以上を出す非常に高収益な企業であり資金も潤沢であった。そのため、積極的に設備投資を行い、さらにそれが競争力を生み出し、更なる高収益を実現するという好循環を生み出していた。今回のM＆Aにおいても、買主には本件企業以上に財務基盤のしっかりとした企業と提携することにより、その好循環を更に高めることができるため、買主としては資本力がしっかりとした企業を求めた。

【買手のニーズ】

会社規模
社名：X社
売上：100億円
経常利益：5億円
従業員：数百人
業種：産業機械製造業
株主：複数法人株主（オーナー企業ではない）

会社の特徴
北陸地方に立地。創業100年以上であり、もともと同族企業であったが、資本提携や業務提携等を経て現在は大手企業グループの傘下入りをしている。 　大手企業グループの製品に欠かせない部品の製造を行っており、重要なサプライヤーの一社である。ガバナンスを非常に重要視しており、非上場企業ながら上場企業並みの内部体制、コンプライアンス順守を行う等、非常にしっかりとした企業体質を持つ。本件企業にとって、

このX社は最大の取引先でもあり最大の理解者でもあるが、逆にX社も本件企業が無ければ重要な製品が作れないというくらい、相互依存の重要な存在であった。

M＆Aを希望した背景

　X社自体は、独自経営を旨としてM＆Aをするような会社ではなかったが、本件については自社の事業の継続自体に影響するものであり、本件企業が廃業ではなく、事業を譲渡すると知り、サプライチェーンの確保のため譲受に名乗りを上げた。

X社から本件企業への要望

①技術の継承について指導を行うこと

　取引先であるとはいえ、本件企業とX社では必要とする設備、技術、人材が大幅に異なっており、X社の技術者であっても本件企業の技術を習得するには何年も必要とすることが見込まれた。そのため、本件企業の高齢役員が本M＆Aと共に引退してしまうと、技術承継が不完全となり、M＆Aのシナジーが十分に発揮されない可能性があるため、最低2年は技術指導を担保してもらいたい。

②従業員が離反しないこと

　本件企業は中小企業ということもあり、技術者も含めて全ての役職員が会社の存続に欠かせない重要な役割を果たしていた。従業員が離反してしまっては、譲受の意味も無くなってしまうため、X社にとって従業員が離反しないことは必須の条件であった。

③自社グループの仕事を中心に引き受けること

　X社の取引先の中では、本件企業が一番技術力、品質、納期に優れており、本来であればすべての発注を本件企業に行いたかったが、今まではサプライチェーンのリスク分散の考えから敢えて同業他社にも仕事を分散していた。本件M＆Aが実現されれば、X社の発注する仕事のうち本件企業が対応可能な仕事については全て本件企業に任せることができるため、納期の見通し、品質リスクの低減、より高付加価

値な製品の製作が可能となる。本件企業の技術者にすれば、いろいろな仕事をしたいのかもしれないが、今回のM＆Aの条件として事前に承諾を得たかった。

④株式譲渡ではなく、事業譲渡スキームをとること
　包括的に権利その他一切を引き継ぐ株式譲受では、簿外債務なども何もかも引き継いでしまうため、X社を含む大手企業グループの方針としてはそれを採用するハードルが極めて高い。一方、事業譲渡スキームであれば、譲渡対象やリスクを明確にして引き継げるためグループ上層部の承認が容易になり、スムーズな譲受手続きが可能であった。特に本件では後述する税務リスク等が存在したため、事業譲渡スキームを採用することとなった。

【M＆Aの結果】

スケジュール	
9月中旬	顧問税理士の紹介で売主との初回面談を実施
9月下旬	日本M＆Aセンターと売主の間で提携仲介契約を締結
11月上旬	企業概要書及び企業評価書の完成。買い手候補への提案開始
11月下旬	日本M＆Aセンターと買主の間で提携仲介契約を締結
12月上旬	日本M＆Aセンターを介しトップ面談を実施
12月下旬	条件調整等を行う
1月下旬	論点対応を行うため、スキームを株式譲渡から事業譲渡に変更
2月上旬	条件調整が終わり、基本合意契約の締結を実施
2月下旬	買収監査の実施
3月下旬	事業譲渡契約の締結・従業員開示の実施
DD実施事項	

①資産の実在性把握
　本件企業の固定資産台帳を基に、台帳に記載されている資産が実在

しているかを実地把握した。本件企業は大手自動車メーカーへの納入を行っているため、そのメーカーの工場監査を受けており、ISO の取得や内部管理を徹底したこともあって固定資産の管理についても厳格に行っていた。そのため、一般の中小企業に比べるとかなり容易に資産の把握を行うことができた。

②財務、税務面の分析

X 社の顧問税理士により、総勘定元帳、証憑等を基に税務的な処理の確認がなされた。加えて、マネジメントインタビューを実施し、マネジメントの考え方と実際の財務処理にズレが無いかが確認された。

通常、中小企業では財務面、税務面のサポートを顧問税理士事務所がおこなっており、DD にあたって顧問税理士が同席することが多い。本件でも DD 時に顧問税理士による立ち合いがなされ、調査人の質問に対しても回答の補助を行う等協力してもらい、DD をスムーズに実施することができた。

買収価額の決め方

①時価純資産＋営業権

譲渡対象資産の時価は、定率法による減価償却再計算後の適正償却簿価とした。

また、営業権については正常利益（営業利益を補正）の 2 年分とした。売主の要望は正常利益 3 年分、買主の要望は営業権ゼロ（もともと廃業予定だったため）であり、その折衷案として正常利益の 2 年分となった。営業利益と正常利益の差の要因としては、生命保険料、特別償却費、役員退職金であった。

② EBITDA 倍率法

上場類似会社の選定が難しく採用しなかった。また、対象会社のように収益力が高い企業の場合、倍率によって大きく株価が左右されることから、倍率の採用は非常に慎重に行わなければならず、採用を見送っている。

主要論点

①3年前に会長の知人の会社への貸付金2億円の貸倒処理をしていることが判明した。税務上も損金処理している。しかし、この知人の会社は当社との事業の関係はなく、単に会長が昔世話になった知人の会社ということだけで貸付けしていたものである。すでに損金処理してはいるが、その後に税務調査は行われておらず、仮に税務調査で損金性を否認されれば重加算税もありうるため、多額の税負担が発生することが判明した。

②減価償却計算が、過去の業績が厳しい時代にすべてを定額法にしたままの方法（定額法）を今でも採用していた。毎年、設備投資をおこなっているため、それなりに減価償却費があるが、仮にX社が採用している定率法で再計算してみると、多額の償却不足が確認された。つまり、貸借対照表に計上されている有形固定資産の金額は過大になっているとも判断できた。

③本社及び工場の底地は第三者から賃借しているものであったが、地権者が複数人に分かれており、その上相続も進んでいたため、既に面識が無い地権者も複数いた。本件では事業譲渡スキームを採用したため、地権者への説明は必須であったが、すべての地権者を特定し承諾を得るのに相当な時間がかかることが予想された。

④税務リスクを避ける意味合いから、譲受企業としては株式譲渡スキームを取ることができず、事業譲渡スキームしか採用できない方針となった。そのため、オーナー一族の手取り額が株式譲渡と比べ減少する可能性があり、手取り額の再計算を顧問税理士と綿密に行う必要があった。

買収条件

①株式譲渡に比べると手取りが少なくなるため、買収価額については上記計算方法で算出した金額に加え、手取り減少額を上乗せすることとした。この際には、実際に買収資金を受け取る本件企業の法人税と、そこから個人へ支払われる退職慰労金や清算所得などの税金の試算がかなり複雑となった。

②親族である役員、第三者である従業員ともに全員継続雇用が保証された。方法としては、事業譲渡のためＸ社に再雇用という扱いではあったが、過去の勤続年数、年齢等も加味してしかるべき役職に全員が就くことができた。また、本件企業から一旦は退職する形になっているため、割増退職金も支払われた。

③地権者不明というリスクのある不動産については、事業譲受の実現を優先すべく、買い手が全面的にリスクを負った。

④事業譲渡後も、Ｘ社以外の既存の取引先との関係についても継続維持していくこととした。

売手側のメリット

①経営者不在の状態を避けることができ、事業の存続を果たすことができた。また、地元経済への貢献もできた。

②事業譲渡の対価が会社に支払われた後、役員退職金や配当、清算人への報酬等を組み合わせ、可能な限り手取りの最大化を行うことで、経済的なメリットを享受することができた。

③取引先に迷惑をかけることなく、事業の引継ぎを行うことができた。

④対象会社に勤務していた役職員は、コンプライアンス、ガバナンスが厳格なＸ社に転籍することで、待遇や労働条件が大幅に向上した。

⑤会長及びその妻は、後顧の憂いなく、安心して完全に引退することができた。

買手側のメリット

①重要な外注先を内製化することで、安定した製品生産ができる。

②対象事業はニッチ産業であることから収益は安定しており、投資回収の目途も立てやすい。

③役職員が全員転籍することとなり、事業運営への支障はなく、当面何も口を出さなくても利益・配当を上げてくれる状態である。

④事業譲渡スキームを採用したため、税務上の"のれん"を認識できるメリットがあった。

【業界情報】

概要
本件企業は地方の建築業である。 建設業のM＆Aの件数は比較的多く、譲渡を検討する会社の多くは後継者問題を抱えているが、それと同時に人材不足の問題からも検討される。特に昨今は現場監督者が不足していることから、仕事はあっても受注ができない状況が続いており、本件のように若い経営者であっても、買収側ではなくて譲渡を検討するケースも出てきている。 業績が良く、比較的大きな建築・土木会社においても、後継者問題、現場監督者不足、さらには技術者問題で事業継続を断念せざるを得ない状況に陥りつつある。特に、地方の建築・土木業は地元との密着度が高く、いわゆる地元出身者ではない"よそ者"が入りづらい雰囲気があり、それも後継者難の一つの要因でもある。

株主構成及び会社規模
売上：7億円 経常利益：5,000万円 従業員：10人 業種：建築業 株主：1名 　社長（依頼主）：100％
会社の特徴
この会社は創業80年と社歴が長く、ずっと地場で建築業を営んできたが、バブル崩壊時に事業規模は縮小している。現社長は4代目社長で、先代社長の甥にあたるが、先代社長が急逝したため急遽事業を継いだ経緯がある。 先代社長までは実質的には不動産仲介業のようになっていたが、現社長が事業を引き継いでからは、再び建築工事を主力とするように

なった。訳あって現社長が先代から事業を引き継いだのだが、先代社長が放漫な経営をしていたため多額の欠損金が残り、管理体制も小口現金が帳簿と合わなかったり、売掛金が焦げ付いていたりとひどい状況であった（最終的にM＆A実行時も焦げ付きは残っていた）。それを現社長がすべて整理して、会社を建て直した。

　50歳になったばかりの若い経営者であるが、非常に経営力のある社長である。

　この会社の特徴としては以下の事項があげられる。

・少数ながら、売上約7億円の工事をこなしている。

・社長が営業を行い、現場管理は従業員に任せており、しっかりと分業体制が確立している。

・公共事業が多く、年度によって大きく売上高が変動する。また公共事業は、役所との折衝、同業他社との付き合いが重要であるが、社長はそういった交渉に長けている。

　技術力や現場監督力が高いこともあるが、10人程度の建築会社で安定した利益が計上できるのは、結局は社長の営業力に依存している。当面数年間はそれでなんとでもなるが、50歳代の従業員が多く、若手の採用はできておらず、定着もできない状況である。これは、地方の中小建築業の共通の課題でもある。

M＆Aを希望した背景

　優秀な社長ではあるが50歳と若く、営業がメインでもあるため、理屈っぽいことはあまり好きではない。M＆Aという言葉は知ってはいたが、自分とは関係ない世界だと思っており、当然検討もしていなかった。

　本件は青年会議所（JC）で知り合い、懇意にもしている顧問会計事務所の税理士からの紹介であった。

　きっかけは、顧問会計事務所が開催した中期計画作成セミナーである。当該セミナーは泊まり込みで自社の中期計画を社長一人で作成し、それを最終日に参加者全員の前で発表するものである。社長は中期計画など作成しようとしたこともなかったが、税理士からの強い推薦が

あり、1回だけという約束で参加した。

　社長は、せっかく金を払って参加するのであれば真剣にやってみようという律儀な性格であり、参加者の誰よりも立派なものを作って見せるつもりで取り組んだ。その際、今後売上を伸ばしていくためのキーになる部分は「人材」であることが浮き彫りになったのである。優秀な経営者であるため、それくらいは重々承知していたが、いざ中期計画を作ろうとすると、人材が採用できない限り、この業界においては売上を伸ばすことは不可能であることを心の底から痛感したのである。

　現状、この会社は社長一人で、営業、マネジメント、採用活動を行っており、採用部分が非常に弱いことは理解していた。そもそも募集しても応募は来ないし、採用しても全くの新人を教育する仕組みがないため、数か月で辞めてしまうことが多かった。中期計画を作成する上でも、その採用部分の打開策を検討しようとしたが、全くアイデアは出てこず、同業仲間に相談しても、皆お手上げであった。そこで自社だけで採用を強化していくのは諦めざるを得ないという結論に至ったのである。

　最終日に、その結論に至った中期計画を参加者全員の前で発表したが、参加者は真剣に聞いてくれ、一緒に打開策を考えてくれた。ある参加者が「大手と提携することで採用を優位にすることは考えられないのか？」と社長に提言したところ、社長は「なにそれ？」と非常に関心を持ち、それがＭ＆Ａだということを主催者の税理士が説明し、そこから2時間、Ｍ＆Ａの講義が続いたのである。

　その後、顧問会計事務所の紹介で、仲介会社を紹介してもらい面談が行われた。

相手への要件

・従業員の雇用継続
・経営の自主性は守りたい。つまり、社長自身はそのまま続投し、経営には口出ししてほしくない。
・自社がさらに成長できるような会社と組みたい。つまり、提携しな

くても当面経営は順調ではあるが、提携することで会社の弱みである採用活動や受注増加といったサポートをしてくれるような相手先が良い。

【買手のニーズ】

会社規模
売上：90億円 経常利益：4億円 従業員：90人 業種：土木業

会社の特徴
こちらの会社も社歴が長く、もともとは土木工事を主とした会社であったが、現社長に世代交代してからは、土木工事だけでなくマンション建築工事や関連性のない新ビジネスにも進出しており、事業拡大意欲が非常に強い会社である。 　社長は51歳と売主社長と同世代であり、事業に非常に前向きでアグレッシブな人である。祖父である創業者の生まれ変わりと言われるくらい、すでに名経営者としての風格があり、かといってパワハラ社長でもなく、非常に常識的な若社長である。また、売主社長と同じく、父である先代社長が急逝したため、若くして社長に就任した経緯がある。

M＆Aを希望した背景
若い社長であるため、事業規模を拡大するためにもともとM＆Aには常に興味を示していた。複数の仲介会社や銀行から、様々なM＆A案件が持ち込まれてはいたが、もともと自社の建築工事部門が低迷しており、その強化のためM＆Aを利用することは検討していたところである。 　そこに、仲介会社が何度も出入りしたこともあり、本件情報を打診してみることになった。

相手への要件
・現社長には代表取締役として残ってもらい、売手会社はもとより、買手会社の建築工事部門も改革してもらいたい。
・経営はすべて今まで通り任せるが、買収した以上は、管理会計に関する資料や報告・連絡・相談の業務フロー、会計システムも含めた基幹システムは買手の会社のシステムを導入し、一元管理したい。
・毎年、最終利益の3分の1を買手に徴収させてもらう。利益が少なかったとしても最低配当額は1,000万円とする。

【M&Aの結果】

スケジュール

《7月　面談》

　売手社長は顧問会計事務所から仲介会社を紹介されて面談を実施した。若い経営者であったこともあり、今後の事業の展望や思いを長時間にわたって話し合い、仲介会社ができる役割について十分に説明を受けた。

　社長としては、当初はM&Aでどこと提携するかなどは全くイメージできていなかったが、仲介会社との話し合いの中で、自身が代表取締役として残る条件でのM&Aもあるのだと分かり、その条件で進めていくことになった。

《7月～9月　案件化》

　まずは、売手企業の概況書を作成する必要がある。このため、まずは資料を集めることから始まる。必要な資料は膨大なもので、社長自身で集めるのは非常に大変だが、本件紹介元の顧問税理士が付いていたため、資料収集は非常にスムーズであった。

《10月　マッチング（相手探しを開始）》

　売手社長の必須条件としては【会社の成長】【人材の確保】【自身が代表取締役として継続する】の3つであり、その条件が満たせる会社がないか仲介会社のデータベース及び情報網で検索した。

《1月　1社が関心を示す（最終的な成約先でない）》

　売手の3つの条件を満たすのは、よほどの余裕がある会社でないとない。このため、マッチングは困難を極めたが、1社が関心を示した。

　早速、その1社とトップ面談（双方の社長が直接）を実施した。

　関心を示したその会社は、会社規模的には30倍であり、仲介会社には"対等の関係で"と口では言っていたが、実際には上から目線であり、10名程度の会社などは救済してやろうというのが見え見えの対応であった。

　面談の現場では、仲介会社も冷や汗が出るほどの険悪な雰囲気ではあったが、売手社長も現場営業で揉まれた強者であるため、なんとかその場は終えることができた。

　その面談後、買手より下記の条件提示を受ける。

①現社長はそのまま引き続き経営してもらってよいが、5年後に退任してもらいたい。

②その5年間で、役員報酬と退職慰労金は利益に応じた業績連動とする。今まで通りの利益が出るのであれば、相当な金額になるので安心してほしい。

③5年間の間、従業員及び顧客を維持するのが必須条件で、5年後に向けて引継もしっかりとやってほしい。

　いきなり当初の要求条件から変わってしまった背景として、買手企業はそれなりの大会社であり、コンサルタントや社外役員のような人もいる。これらの人から、買収リスクを指摘されてしまい、方針転換せざるを得なくなったようである。

　特に買収リスクとして、売手企業は現社長のみが営業活動をして仕事を取ってきており、現社長の会社への重要度が非常に高い点があげられた。Ｍ＆Ａ後、仮に何らかの理由で現社長が辞めるという事態になった場合に、会社が存続できなくなってしまう。そもそも、100％の株式を買ってしまっては、現社長が当該会社に何ら責任を持たなくなり、現社長が未来永劫、この会社に残る保証はないに等しく、

それであれば期限を区切ってやるしかないという結論に至ったとのことである。その見返りに、それなりの金銭を提示すれば、現社長も納得するかもしれないと思ったようである。

　しかしながら、売手社長としては当初の条件は絶対であり、即、本件は破談となる。

【コラム】M＆Aにおける引受後のリスク

　事前に条件を受け入れていたとしても、トップ面談で急に違う要求をしてくることもある。逆に、いかにトップ面談が盛り上がってその場では合意する雰囲気になったとしても、買手企業からすると「引受後のリスク」を気にすることは当然ではある。それこそ、売手社長が優秀すぎると、社長への依存度というリスクが面談によって明白になってしまい、買手にとっては買収に及び腰になってしまうこともある。

　M＆Aにおける引受後のリスクの代表的なものは下記が挙げられる。

●社長の依存度が高いことでのM＆A後退職した場合の経営リスク

●従業員の中でキーマンが退職しないかどうか

●譲渡企業が土地や建物を賃借で契約している場合、地主との関係性はどうか（現経営者だから貸していたとか、現経営者だから安いなど）

●取引先が偏っていないか、買収によって取引先が離れるリスクはないか。買収後に重要な取引先が離れると、それはストレートに企業価値が下落することになる。このため事前にCOC条項（チェンジ・オブ・コントロール）を確認しておく必要がある。

●許認可を正式に保有しているか。

●株の変遷（現状の株主名簿の株主が合っているか、過去の売買や贈与、相続等の書類が揃っているか）

●簿外債務はないか

●法的なトラブルはないか（会社又は個人で、金融機関以外から
の借入を負っていないか）

《11月　情報漏洩が起きる》

　売手社長が、ある顧客より「会社を売却するの？」と言われ発覚した。

　仲介会社からは、"情報漏洩はないように最善は尽くすが、万が一
情報漏洩が起きた際は、とにかく「検討はしていない」という回答
をするように"との話を事前に聞いていたため冷静にそのように対応
し、その話が拡大することはなかった。

　とはいえ売手社長としては会社の存続に関わる事態であり、今後の
情報漏洩を危惧して一時はM＆Aの検討自体を白紙に戻すことを考
えた。しかしここで仲介会社及び顧問税理士から、当初に受けた中期
計画作成セミナーで結論にいたった当初のM＆Aの目的について再
度考えるように言われ、結局、マッチング提案を再開することになった。

【コラム】中小企業のM＆Aで情報漏洩が起きるとしたら

　通常M＆Aにおいては秘密保持に始まって秘密保持に終わると
いうくらい情報漏洩させないことが最も重要な事項である。原則、
すべての仲介会社は、下記の条件を満たした場合のみ売手企業名
を開示して提案をする。

　・売手企業社長の同意を得た場合

　・買手候補企業と仲介会社で秘密保持契約書を締結

　・提案時に必ず留意事項を伝える（取引先、銀行等の第三者に
　　情報を明かさない、営業活動に利用しない）。

　また、提案をしたが見送りであった場合は、すべての情報等を
回収及び破棄してもらう。

　このため、情報漏洩は非常に稀有な例ではある。

　仮に情報が漏れるとしたら、下記の5者である。

・自分
・仲介会社
・顧問会計事務所
・従業員
・相手企業

　上場会社のM＆Aであれば、新聞記者等が張り込んで情報を狙うが、中小企業のM＆Aではそれはない。このため、情報漏洩が起きるとしたら、上記の５者になる。

　よくあるのが社長自身である。相談相手のいない孤独な経営者は、ついつい誰かに言いたくなるのだが、こういった極秘情報も信頼している人に話してしまうことが多い。本人としては信頼していると思っていても、そこから情報が拡散していくこともある。

　相手企業からの情報拡散は、相手が真剣に検討してくれていればないとは思うが、そうでない場合にはリスクがある。

《2018年３月　新たな一社が名乗りを上げる（本件成約先）》

《2018年３月　第一回目トップ面談》
【買手の面談後の感想】
　自社の株式をすべて売却して、その後も経営者でやっていきたいという人物に対して、当初は信頼できないのではないかと思っていたが、そうではなく、しっかりとしたビジョンを持っていることが分かった。

【売手社長の面談後の感想】
　買手社長自身も若く、従業員も平均年齢が若いということは、この業界ではとても珍しいが、買手企業の社風によるものということがわかった。

《2018年４月　譲渡意思減退》
　第一回目トップ面談は非常に順調であったものの、売手社長から仲

介会社担当者が呼ばれる。

　社長が言うには、本件を一応、創業家に伝えたところ、創業家から反対されたとのことである。創業家はすでに株式は1株も持ってはいないが、社名にその姓が使われており、親戚である以上、無視するわけにもいかない。創業家の反対は、単に心情的なものであり、反対する権利もないことは分かってはいるが、社長自身も後ろめたいところがあったのも事実である。

　再度、仲介会社及び顧問税理士と協議し、やはり最初に決断した目的に戻り、本件M＆Aの話を進めることを決断し、創業家には菓子折りを持ってその旨を伝えに行った。

【コラム】何のためのM＆Aか

　M＆Aにおいて売手社長が譲渡意思を減退することはよくある。

　今売っていいものか、もう少し自分でやるべきではないのか、本当はもう少し自分でやりたいのではないか、従業員に恨まれないか、取引先から冷たい目で見られないか、などがある。ましてや、売却によりそれなりの金銭が懐に入ることになるため、周りの目を気にする経営者も多い。

　こういったときは、もう一度M＆Aを検討した時を思い出し、何のために進めているのかをよく考える必要がある。

《2018年5月　基本合意書を締結》

　一時的な売手社長の感情の変化もありながら、トップ面談の心証も両社良かったため、次のステップの基本合意へと進む。特段基本合意においての論点はなく買収監査のステージへと進む。

《2018年6月　DD開始》

　もともと顧問税理士の紹介案件であったため、顧問税理士も協力的

であり、監査資料は非常にスムーズに用意してもらえた。DDによる特段大きな論点は出なかった。

《2018年6月　第二回目トップ面談》
　DDについては論点もなく売買条件は固まった。
　第二回目のトップ面談は最終契約前の今後の運営についてのディスカッションとなる。
　その中での最終的な買手からの主な事業上の条件は下記であった。
①譲渡企業社長は代表取締役として継続
②経営は任せるが、報告・連絡は買手企業の他部門と同じ業務フローに従ってほしい。基幹システムも同じものを使ってほしい。
③最終利益からは、3分の1を配当金として吸い上げるが、利益が少なかったとしても最低1,000万円は徴収する。

【面談終了後】
　売手社長から仲介会社担当者へ電話が入り、連絡・相談や管理業務を、買手の部門と同じようにすることに懸念を示した。
　売手社長としては、株式は売るが、経営主体は今までのままを想定しており、それはすなわち、すべての経営判断を今まで通り売手社長がおこなうことである。報告・連絡を買手社長におこなうということは、実質的には最終判断を買手社長がすることになるため、経営権がなくなるのと同じではないかという懸念である。
　売手社長に経営権がないとなると、従業員のモチベーションにも影響するかもしれないし、取引先との交渉にも支障が出るかもしれない。このため、報告・連絡はするが、基本は事後報告にさせてもらえないかとのことであった。
　M&Aにおいては大きな論点が出てくることも問題だが、こういった事務的なことで商談が進まないこともある。要は両当事者にとって大事にしているものが異なり、また譲れないものも異なることがM&Aの成約においては最後の乗り越えるべき壁となる。

　これを受けて、仲介会社が買手に出向き、報告・連絡については、毎月の定例会議での事後報告という扱いにできないかと打診をした。しかし、買手社長からは「今後はグループとして一丸としてやっていく。売手社長には引き続き代表取締役として勤めていただき、買手としては経営に深く口出しはしない方針である。しかし、事前の報告・連絡は経営にとって最も必要なことであり、基本は売手社長が判断してもらえればよいので、それだけは譲れない。」との回答で売手社長の要望は通らなかった。

　再び売手社長と仲介会社が面談し買手の考えを伝えたところ、売手社長としても買手社長の経営の考えには大きく賛同しており、ここは自身が折れるべきだとして、事前の報告・連絡体制については同意した。

《2018年8月　最終契約の締結》

《2018年9月　成約式》
　紹介元の顧問税理士も仲介会社へ来社し、盛大な成約式が行われた。
　成約式の手順は以下の事項がある。
①重要物品授受
　・対象株式の譲渡を承認した株主総会議事録（写し）
　・対象株式の譲渡承認請求書（写し）
　・同承認通知書（写し）
　・売主から買主への対象株式の株主名簿名義書換請求書
　・対象会社の株主名簿
　・非常勤取締役の辞任届（退職慰労金請求権が存在しない旨の確認
　　文言も付加）

②買手重要物品確認
③買手受領書押印
④買手株価代金決済

⑤買手、売手のスピーチ

　　買手、売手ともに今後の抱負を話す。

⑥売手社長の奥様のスピーチ

　　売手社長を支えた奥様にもスピーチをお願いした。事業を引き継いだ時の多額の借金や、日々の運転資金の工面、従業員からの不平不満等の苦労話をされ、これで安心して眠ることができると涙を流しながらスピーチを終えられた。

⑦乾杯

⑧記念品贈呈

⑨成約式終了

DD 実施事項

　　実施したのは、財務税務 DD と法務 DD（顧問税理士と社長が応対）。

　　詳細な財務諸表の調査でなく、過去のリスクというよりも、むしろ将来の事業計画の調査に重点が置かれたが、大きな論点はなく終了した。

　　調査項目は下記である。

・財務 DD の一般調査

・社長の営業方法（具体的な動き、交友関係、潜在顧客など）

・各従業員の業務内容の棚卸

・事業の将来性についてヒアリング（今後の事業拡大の余地について）

　　なお、仲介会社による事前調査（仲介会社内部での案件化段階）がしっかりされていないと、DD によって初めて発見される事項などが出てくる。すると、株価が変わることになる、場合によっては商談が無くなることもある。よって仲介会社において初期段階で企業調査されているかは注意が必要である。

買収価額の決め方

　　黒字や赤字の期があったため、過去 5 年の営業利益の平均値を利用することとなった。その平均利益金額の 2 年分をのれんとして計算した。 2 年だけというのは一般的な案件と比較すると少ないが、売手社

長がその後も続投して役員報酬をもらうため、それが考慮された。

　買収金額は本件マッチング時から最後までぶれることはなく成約に至った。

買収条件

・現社長は代表取締役として続投。
・報告・連絡の業務フローは買手のものに合わせる。しかし、経営判断は売手社長に任せる。
・売手企業の従業員は、全員そのまま雇用。
・毎年の配当は、最終利益の3分の1は配当、3分の1は従業員賞与、3分の1は内部留保とし、最低配当額は1,000万円とする。
・買手から、若手社員を3名転籍させ、将来の幹部候補として育てる。

売手側のメリット

・今までと変わらず代表取締役として引き続き継続して経営ができる。
・採用の部分の負担を買手企業に任せ、社長は現場に専念ができる。
・買手から3名転籍してもらったことで、当面の人材不足が解消された。また買手は地元での採用人気があり、今後はグループとして採用していくことで効率よく、また優秀な人材確保ができる。
・買手、売手ともにメインの事業が違うことで、売手企業社長は独立した地位を確保できた。

買手側のメリット

・弱みのある建築工事部門を強化することができ、会社全体の収益性もアップすることができた。
・売手企業社長が代表取締役として残ることで、管理職を派遣する必要がなく、買手からはあくまで建築部門の3人だけの転籍で済んだ（買手の主要メンバーは残留できている）。
・転籍者を育ててくれれば、売手社長が引退するときには、その転籍者が後継者になれる。
・売手は平均すると安定した収益が上がる会社であり、相応な株価で買収ができ、投資資金の回収は問題ないレベルである。

その後

　買手から転籍した社員の一人が、非常に優秀かつ若い社員であったため、売手社長はとても気に入り、次の後継者として育てている。3名のうち、何人かはいずれ買手企業に復帰してもらい、買手企業の建築部門を統括できる人材になるであろうとのことで、売手社長も買手社長も喜んでいる。

　メイン事業は異業種であったが、お互いの弱みを克服できるM＆Aであった。

ケース4　株式が分散して創業一族内で揉めていたケース

【案件情報】

　本件は、一見後継者不在による譲渡希望であると思われたが、実際はお家騒動に絡む譲渡であり、株式分散による弊害を実感した案件である。

　お家騒動の場合は、仲介会社に話がきた段階では、すでに当事者同士での解決は不可能な状態に陥っていることがほとんどである。このような状態では第三者が仲裁するしかなく、仲介会社がその役割を果たす。仲介者としての本来の役割は、利害関係者の背景や感情を理解した上で、適切な手段を売手や買手の関係者にリスクも含めて提示をして、納得してもらうことにある。

　本件が成立できたのは、買手側に明確な成長戦略があり、それに合致したマッチングであったことと、マッチングの段階から複雑な株式関係があることを説明し、買手側に理解してもらっていたためである。

株主構成及び会社規模
売上：15億円
経常利益：7,000万円
従業員：70人
業種：関東地区の製造会社
株主：15名
社長（依頼者）　　　　　：20％
知人A（1名）　　　　　：25％
株主Bグループ（7名）：27％
株主Cグループ（2名）：9％
従業員（3名）　　　　　：19％

会社の特徴

　特徴としては、BtoB向けの製造業であり、売上の大半は、汎用品ではなく特注部品の受注生産である。新規参入の難しい大手との直取引口座があり、長年ニッチな部品の製造委託を受けていることが強みである。

一方で、近年大手取引先が事業の拡大に伴い、同社の製造部品の一部を内製化し始めており、10年前に比較すると売上は3分の2に減少していた。

M＆Aを希望した背景

　顧問税理士経由で仲介会社に紹介があったものである。

　社長の年齢は67歳で、娘がいるものの会社を継ぐ意思がなく、また未婚であるため娘婿もいないという典型的な後継者不在の会社であった。

　仲介会社からは、一般的なM＆Aのメリットとデメリットや、今後の流れなどが説明された。社長からは、創業者であった自身の父親の会社をなんとか存続させたいという思いを述べられた。このため譲渡を目指したいという意向を示し、すぐに仲介会社とのアドバイザリー契約の締結となった。よくあるM＆A希望の会社のパターンである。

　その中で最初から難題とされたのは、社長の持分割合であった。社長は創業者の息子であるにも関わらず持分が20％しかなく、他の株主の取りまとめが課題であることは、社長自身も認識していた。仲介会社とのアドバイザリー契約を締結後、会社の概要書作成や企業評価の実施と同時に、まずは各株主状況の確認とその株主の意向を確認していくプロセスを踏んでいくことになった。

　社長と相談の結果、まずは筆頭株主である知人の同意を得るため、仲介会社も同席して面談を実施した。結果としては、もともとその知人は相続により引き継いだ株式であり、持っていたとしても換金する手段はなく、多少なりとも金銭になるのであれば売却することに抵抗感はないという感触であった。よって額面以上の価値がつくM＆Aであれば、喜んで買取希望に応諾するという同意を得られた。

　最大の問題が解決できたため、その他の株主対策を検討したが、従業員への開示は情報漏洩のリスクがあるため、直前までしないこととした。残るは他の複数株主への打診であるが、これだけは第三者である仲介会社が出来るものではないため、社長から打診するように依頼をした。しかし社長は現段階における開示を、なぜか頑なに拒否をし

た、この背景が後ほど発覚することになるのである。

相手への要件
特に要望はなく、会社を存続・発展させてほしい。

【買手のニーズ】

会社規模
売上：150億円 経常利益：7億円 従業員：320人 業種：西日本の同業

会社の特徴及びM&Aを希望した背景

　売手とは同業ではあるが、買手とはエリアが全く異なっており、M&Aによりエリア補完ができると期待された。売上は150億円と売手の10倍の規模がある会社である。

　もともとは商社機能がメインの会社であったが、徐々に内製化を進め、自社オリジナル製品も販売している。同社としては、より付加価値のある製品を揃えたいのだが、自社の技術だけでは限界があり、M&Aによる他社買収を模索していた。

　本件、売手企業のニッチな部品製造に強みを持つ、という点が、当社の多数の中小企業の取引先に対して付加価値を出すことができる可能性があり、また売手企業の技術力を生かして新しい自社オリジナル製品が作れるという可能性が見いだせた。

　買手企業はオーナー企業であり、買手社長は先代社長である父親からの相続で実の兄弟と株式問題で調停までしたくらいに揉めた経験があり、株式相続の悩みに対する理解もあり、この点が理解されたため、トップ面談に進むことができた。

相手への要件
全株式の取得

【M＆Aの結果】

スケジュール

《5月》仲介会社とのアドバイザリー契約締結

《8月》企業概要書作成、要望ヒアリング

　この段階で、相手企業への要望などを社長にヒアリングするのだが、やっと社長が今回の譲渡に至る本当の背景を話し始めた。

　元々は、娘が会社を引き継ぐ予定であり、本人もその気はあったが、これほど株式が分散している理由は、創業者の奔放な性格によるものであることが発覚した。つまり、当初、その他20名の複数少数株主と開示されていたものは、実は創業者の内縁の妻の親族であったり、創業者と共同経営者であった実兄の親族であったりして、すでに連絡を取っていない関係の株主ばかりとのことであった。

　創業者の内縁の妻は、実際に会社の経理を担当し金庫番であったこともあり、気が付けば相当数の株式を保有してしまい、それが相続等でその親族に分散してしまっている（株主Bグループ）。かつて、その相続時などに株式を買い取る申し出をしたこともあるが、買取価格で揉めに揉めて売ってもらえず、その後、その親族等とは感情的なしこりが残ってしまっている。

　創業者と共同経営者であった創業者の実兄に至ってはその息子（株主Cグループ）もおり、現社長と同じくこの会社で働いていたのだが、経営権を巡って現社長と争いがおこり、単独株式数で勝る現社長が知人Aとともにその息子を追い出した経緯があった。その際暴力沙汰および刑事事件にも発展しそうになったほど揉めている。その息子はいまだ健在であり、事あるごとに議決権があることを理由に嫌がらせをしてきており、現経営者の長年にわたる悩みの種であった。これがあるため、娘が事業を引き継ぐことを諦めたのである。

　当然、現社長がこの息子に対して株式譲渡を打診することは考えられず、ましてや先方が応諾するはずがないことは明らかであった。

　このため、相手探しにおいては、当該株主への譲渡依頼については

最終契約直前に実施することを条件に、それを承諾してくれる相手探しを実施することになったのである。

《その後1年間　マッチング》

　超優良企業であるが、それ故に買収価額が高くなることに加えて、上記の複雑な株主関係であるため、マッチングは困難を極めた。

　まず、このような複雑な状況を許容できるのはオーナー系企業しかないが、オーナー系中小企業でこれだけの優良企業を買収できる資金を持っている会社は少ない。数十社に提案したが、興味は示すものの、トップ面談に至ることはなかった。

《初めてのトップ面談》

　マッチング活動開始から1年後に、初めてトップ面談に至る企業が名乗りを上げた。

　トップ面談では、株式相続で苦労した話で双方盛り上がった。

《10月　基本合意及びDD実施》

　売手社長が金額には拘っていないこともあり、また資産内容も極めて良好であり、DDでの論点は売手と買手双方が認識していた点を除き、何もなかった。また、基本合意での特別な条件の要望もなかった。

《12月　株式譲渡契約書の締結》

　通常の株式譲渡契約ではなく、特殊な条項を入れた（下記に詳述）。

《同月　株主の説得》

①知人A

　最初に説明に行った時には快く同意してくれていたが、いざ金額の話になった途端、難色を示した。知人Aは当該会社の純資産金額を知っており、それなりの経理知識もあることから、おおよその買取金額を想定していたが、提示された金額はそれ以下であった。とりあえ

ず、その場は一旦引き取り、日時を改めて売手社長自身で再度訪問して懇願した結果、幸運にもその場で同意を得られ、署名捺印をいただけた。自分が経営出来るわけもなく、売れなければただの紙切れだということを知っており、年齢的にも早く換金したいということで理解のある人で幸運であった。

②従業員株主

　従業員にとっては、株券を持っていたとしても何も得はなく、それよりもそれが換金でき、さらに会社が存続できることのほうが優先される。喜んで同意してもらえた。

③創業者の内縁の妻の一族（株主Bグループ）

　売手社長が説明に行っても話を聞いてもらえそうにないため、仲介会社の担当者が出向くことになった。

　大半の親族は、すでに当時のことはあまり気にしておらず、全くの第三者である仲介会社の担当者の話であるため、換金できるのであれば是非、ということですぐに署名・捺印をいただけた。

④創業者の実兄の息子（株主Cグループ）

　最大の難関であるが、こちらについても仲介会社の担当者が出向くことになった。

　当初は全く聞く耳持たずという雰囲気ではあったが、一応、全くの第三者である仲介会社の担当者がわざわざ来ているため、話だけは聞いてくれた。

　すでに本人も隠居の身であり、いまさら売手企業の経営に興味があるわけでもない。しかしながら売手社長に協力する気はさらさらない、生活に窮しているわけではないため金がほしいわけでもない、といった会話に終始し、すぐに譲渡に同意してくれるとも思えない状況であった。

《1月　買手企業に報告》

　株主Cグループの買取は、当面は同意してくれないであろうという報告をおこなった。しかしながら、当面は無理だとしても、譲渡する気持ちがないわけではなく、感情を整理する時間が必要であろうという判断をもらった。法的には、90%超取得していれば強制的に少数株主を排除することができるため、将来的にどうしても買い取れなかった際に強行すればよく、現時点で揉める必要はないとの判断に至った。

《3月　株式譲渡契約締結》

　株主Cグループ以外の条件成立を持って、正式に株主譲渡契約を締結した。これにより、90%超の株式を取得できたため、実質的には完全に支配できる状況になる。とはいえ、将来に禍根を残してはいけないため、買手の取締役が定期的に株主Cに面会を行い、5年後には譲渡契約に同意してもらえた。

DD 実施事項

　財務DD、税務DD、労務関係DDを実施（準大手監査法人が担当）。
　会社に訪問する現地DDを2日間にわたって実施した結果、以下の事項が判明した。いずれも、事前情報として把握していた事項であったため、交渉において問題にはならなかった。

・減価償却不足

・賞与引当金と退職給付引当金の未計上

・未払給与の未計上

買収価額の決め方

①売上15億円に対して純資産が20億円、総資産が30億円もある超
　優良会社であった。資産内容は、不動産と現金であり、非常に重た
　いバランスシートであった。
　　純資産が厚いと、どうしても買収金額が多額になってしまうため、
　相手企業を探すのに苦慮してしまう。

②売手社長自身は持株割合が少ないこともあり、高い値段を希望する

ことがなかった。安くていいから、その分を会社の発展のための投資に使ってほしいということであった。

③このため、通常は"のれん"を付けるのであるが、売手社長は固辞して、その代わりに役員退職慰労金を控除した純資産価額を買収金額とした。

④純資産を算定する際にも、時価純資産ではなく簿価純資産を採用した。これは、売手社長が、含み益は自分の功績ではないということで、簿価純資産でよいと主張したからであり、買手としては断るような話ではない。

買収条件

●売手社長は退任し、役員退職慰労金を相当額支払う。

●以下の条件が成立したときに、本件株式譲渡契約の効力発生とする。

①知人A及び従業員株主全員が株式譲渡契約に署名・捺印すること。

②他の株主全員も譲渡することに同意し、同意書に署名・捺印すること。

売手側のメリット

・売手企業は新規開拓を社長1名でやっており、基本は既存顧客を維持するので精一杯であった。そのため、マーケットでの自社の商品のニーズがつかめていなかったが、買手の営業力により、既存顧客の大手企業だけでなく、中小企業向けでも需要がある製品が多数あることが判明し、売上を大きく伸ばすことができた。

・売手社長は、退職慰労金で金銭面は満足することができ、さらに株式価格を低くすることで、他の株主に過大に金銭が支払われることを阻止することができ、心理的に満足が得られた。

・売手社長は、何よりも会社経営の重責と株主間での揉め事から解放されたことを一番喜んでいる。

買手側のメリット

・高収益企業であるにも関わらず、"のれん"を加味しない金額で買収することができた。

・株主C以外で90%超を取得することができたため、実質的には完

全支配の子会社を持つことができた。株主Cは売手社長相手でなければ、それほど拒否感は示さず、その後、特に揉めることなく時間が解決してくれた。

【案件情報】

	A社(売手)	X社(買手)
事業内容	プリント配線板メーカー	コングロマリット
売 上 高	20億円	500億円
利 益	1億円	20億円
設備状況	関東地区に3拠点	全国展開
譲渡理由	後継者不在	―
スキーム	100%出資持分譲渡 (退職金+株式譲渡価額)	

株主構成
株主：3名
社長（依頼主）：70%
義娘　　　　　：25%
娘　　　　　　：5%

会社の特徴

　売手企業は、プリント配線板の受託製造会社である。汎用品としてのプリント配線板も請け負っているが利益率は悪いため、主として特注品をメイン事業としている。

　プリント配線板メーカーは、汎用品向けはほとんどが海外製造にシフトしており、国内に製造拠点があるのは珍しく、国内ではほとんどが特注品の製造である。特注品であるため、設計の段階からの企画提案型の営業をしており、そのノウハウが高く評価されて大手取引先との取引が継続できている。

　しかしながら、国内需要には限界があり、売手企業においてもかなり前から汎用品については中国での海外製造にシフトしている。海外生産をするにあたって、どの企業も苦労するのは現地での生産管理と為替や運転資金のコントロールである。

　海外は、人件費は安くとも日本人とは異なる考えを持つ外国人を雇

い、日本と同様の品質を保ちながら製造を管理しなくてはいけない。特に中小企業ではその管理が難しく、成功している会社は少ない。売手企業は長い年月をかけ現地に溶け込み、先代社長の長期間にわたる努力の結果、現地での仕入先や流通業者との関係も極めて良好であった。

　一方で、現地の取引量が多くなるにつれて、為替の管理と運転資金の膨張が問題となってきた。現地での材料調達や輸入に関する決済サイトは短く、販売サイトと比べると数か月の差が出る。取引量が多くなればなるほど、その金額が膨張してくるため、為替変動による差損益が無視できない金額になり、さらに運転資金を調達するために銀行からの借入が膨らんでいた。

M＆Aを希望した背景

　売手企業の社歴は非常に長く、数代にもわたり一族経営を行っていた。現社長は直系長男であり、自身にも長男がおり、長男自身も会社を引き継ぐつもりで勉学に勤しみ、大学卒業後は修行として大手商社に入社して、満を持して売手企業に入社して父親とともに事業を運営していた。

　長男の他に、長男と双子の娘がおり、娘は全く別の業種で働いていた。双子ということや、男と女で扱いが違うとかで、娘としては自分の境遇を受け入れがたいという難しい時期もあったが、父母の懸命な説得により、娘は自分の道を歩み始めた。

　売手社長にとって事業承継には万全の体制となり、商社での経験がある長男が為替と運転資金の管理をコントロールし、社内外でもその実力が高く評価されていた。社長としては、60歳を区切りに長男に社長業をバトンタッチし完全に引退する予定であったが、その長男が不慮の事故にあい、そのまま30代で帰らぬ人になってしまった。

　社長が受けたショックは筆舌に尽くせないものであり、鬱状態になってしまい、会社に出社しない日が多くなり、従業員はもとより取引先からも心配されるような状況になってしまった。

　しかしながら、社長はこのままではダメだと奮起し、自らのリーダーシップで改めて会社を引っ張りなおす決断をした。とはいえ、それま

で長男に頼っていた資金面の管理を自分でするのは難しい規模になっており、このまま会社が成長してくのは限界があると感じ始めた。

このため、社長は顧問税理士と一緒に今後の事業承継をどうするのかを真剣に検討することにした。事業承継では、まずは親族への株式譲渡を検討するのだが、すでに長男はおらず、長女は紆余曲折があって自分の道を進んでいるので、今更会社に入る状況ではない。その他親族でも適任者はいなかった。

次に従業員への承継については、中小企業ではよくあることだが、営業とか開発といった限定された仕事のスペシャリストは結構いるが、こと経営全般となると、それに適した人材は見当たらないことが多い。能力があるないではなく、そのように扱ってこなかったし、育ててこなかったため、そのような人材は中小企業にはほとんどいないのが実態である。

もう一つの大きな問題は、やはりここでも資金面であり、借入の保証人の問題である。売手企業は社歴も長く、自己資本も充実していたが、取引規模が拡大している状況では、どうしても多額の運転資金が必要である。そのため、業績が良い中でも借入金残高は10億円以上であり、担保差し入れはしていても、すべての借入に社長の個人保証が入っている。会社が順調に業績をあげ続ければ個人保証すること自体は問題ではないのだが、一介のサラリーマンだった人に、いきなり10億円以上の個人保証をしてくれ、とお願いするのは現実問題として無理である。さらに、経営を引き継ぐというのは株式も譲渡することになるが、譲渡であろうが贈与であろうが、億単位のお金が必要になり、そのお金も銀行借入で個人保証により調達するしかない。そのような事例がないこともないが、よほど肝が据わった人でないとできない。

これらのことが検討した結果でわかり、続いて検討されたのがM＆Aということになったのである。

相手への要件

・相性が悪かったとか、条件が合わなかった場合は、いつでもM＆A

を中断することができる。

・売手社長は、代表取締役社長として残ることには拘らないが、何らかの形で会社に残してもらって自分の得意とする製品開発の仕事に従事させてもらいたい。

【買手のニーズ】

会社の特徴

業界でも有名な大手企業であり、非常に信用力がある。

幅広い販路を持っており、売手企業と似たような業種の販路も持っている。もちろん海外取引も多く、為替管理もグループ全体でおこなっており、為替ヘッジなども大々的に行っている。

M&Aを希望した背景

以前から売手企業のことは知っており、社歴も長く、技術力もある会社だという認識を持っていた。自社の販路と重なっているところも多く注目しており、御子息が亡くなられたということも知っていた。仲介会社から提案があった時点で、その会社の内容は熟知していた。

相手への要件

特になし。ある程度高くてもいいから、是非買収させてもらいたい。

【M&Aの結果】

スケジュール

《8月　仲介会社と面談》

売手社長はM&Aのことは全く知らなかったが、仲介会社からの説明では、M&Aは事業承継の一つとして世間的な認知が高まり、実例も多くなっているとのことで興味を持ち始めた。団塊の世代が多い中小企業の経営者の親族に後継者がいない会社は全体の3分の2といわれるほど増加しており、従業員への承継も難しいことから、第三者への譲渡であるM&Aが非常に増えているとのことで、自社と全く同じ状況があるのだと知った。

社長はM&Aという言葉は知っていたが、ハゲタカファンドや敵対

的買収などあまり良いイメージは持っておらず、そもそもM＆Aをしたら自分は会社を退かなくてはいけないと思いこんでいた。

　しかし、仲介会社の面談において、社長が希望するのであれば、残ることを条件とすることもできるし、最近は残るケースが極めて多いという話であった。さらに買手企業においても昨今の人手不足から経営者を簡単に送り込むことはできず、現経営者に残ってもらって引き続きしっかりと会社経営に携わってくれるならばむしろ喜ばれるという話も聞き、驚いていた。また、従業員の雇用はしっかりと継続するという話もイメージと異なっており、今までのM＆Aの印象とはだいぶ違うなという心証を持ったのである。

　もう一つの課題の資金面についても、M＆Aであれば、社長の個人保証はすべて外れるとのことで、このまま相続がおこれば義娘や長女に個人保証まで引き継がれてしまうという懸念も解決できることが分かり、早速仲介会社と業務契約を締結し、M＆Aを進めることにした。

《9月　企業概要書作成のための資料収集》
　大量の資料収集が必要になるが、顧問税理士の助力もあり、スムーズに進んだ。

《10月　リスクの洗い出し》
　仲介会社によれば、M＆Aは最終的には買収監査というものがあり、そこで大きな問題点が発見されるようでは、両者の信頼関係が崩れて話が一気に壊れる可能性がある。そのようなことが無いように、最初の段階で仲介会社が事前にチェックを行い、M＆Aを進めるうえで論点になる事項を整理する必要がある。

　仲介会社が大量の資料をレビューした結果、①中国子会社との経費精算が行われていないこと、②在庫水準（月商の4カ月程度）が非常に多く、管理や評価が難しいことが浮かび上がった。

　①については、税務調査事例でも取り上げられているが、中国子会社への出張や技術支援などに対する費用が、すべて親会社負担となっ

ており、税務上は寄附金認定される恐れがあることが判明した。このため、すぐに実態を調査し、現在進行年度に関して徴収すべきものは請求するように手配した。

　②については、国内及び海外ともに在庫数量が多く、管理しきれていない点は社長も認識していた。しかし、在庫は陳腐化するものでもなく、特注品とはいえ再注文が入ることも多く、基本的にはほとんどの在庫は販売可能だという認識である。確かに海外の在庫については、一部実態が不明なものもあり、買手企業からすれば論点にはなるだろうという認識だが、金額的な問題になるような重要性はないだろうとの判断に至った。

《10月　事前の株価評価》

　上記を踏まえ、事前に株価評価を行い、「時価純資産＋営業権」の評価手法で希望株価を検討した。

　時価純資産法は会社の保有する資産と負債を全て時価評価し、その差額である純資産額を評価額とするものである。中小企業の決算処理は、基本は税務処理であり、税務上認められている引当金は計上しない会社がほとんどである。本件においても同じで、賞与引当金と従業員の退職給付引当金が負債計上されていなかった。このため、仲介会社のほうで計算し、それを負債として控除することとした。

　営業権については、社長が役員報酬を一般的な相場よりも多くもらっていたため、それを日本全国の中小企業の社長の平均年収に補正し、その金額から営業利益を再計算し、税金相当分を差し引いた金額の3年分相当を営業権として計算した。

《11月　マッチング》

　仲介会社からは20社程度の候補先が提示され、そこから会社規模が小さい企業、現在の取引先や業績が厳しそうな企業等は除外し、8社程度に絞った。

　売手社長は、M&Aの仲介というのは、売手の許可なく勝手に仲介

会社がいろいろな会社に打診するものだと思っていたが、社長が許可したところにのみに打診する形であったので、安心したとのことである。

仲介会社は選定された8社に提案を開始したが、ほとんどの企業は売手企業の借入金額が多いこと、為替や運転資金の管理が難しいことから、話が進まなかった。その中で、X社が興味を示し、すぐにトップ面談をしたいとの申し出があった。トップ面談だけでなく、合わせて会社見学もさせてほしいとの要望もあり、なぜか意欲満々であった。

《12月　トップ面談》

X社は大企業であったため、本件の取引規模からして、決裁権限者は社長ではなく担当取締役であり、その担当取締役との面談となった。

担当取締役は、すでに売手企業の情報はある程度把握しており、業界動向にも詳しく、サラリーマン役員とは思えないベンチャースピリットのある役員で、売手社長とも意気投合され、その場でX社グループとしてA社に加わってほしいと即決したのである。

《1月　DD実施》

DDの結果、事前の仲介会社の調査では取り上げられなかった事項が発見された（詳細は後述）。

《1月　買収価額交渉》

X社は大企業であることから、買収価額の評価については第三者の評価書をベースに意思決定せざるを得ない。DDで発見された事項は、当然、買収価額に反映されるため、それを無視することはできない。

一方で、売手社長としては、自社の評価額が相当額減額されるということは、理屈では分かったとしても心理的に受け入れることができない。表面的な数字だけで、自社の事業価値が落ちるわけではないからである。

この点が買収金額の交渉で難しい点である。価値算定手法は一定の

計算式に従った計算であって、それが必ずしも本来の事業価値を評価できるわけではない。しかし、その手法は理論的であるし、M＆A実務でも一般化されており、特に大企業においてはその結果を無視することは、取締役としての注意義務に反することになる。

　仲介会社としては、そういった事情を売手社長に何度も説明し、この点を納得してもらえないと前に進むことができない状況であることを理解してもらい、売手社長には一部減額を受け入れてもらった。

　X社としても、本来はもっと多額の減額を検討せざるを得ない状況だったが、売手社長がすぐに減額を受け入れてくれたことと、X社としても、どうしてもグループ化したかったことから、無事に取締役会での承認を得ることができた。

《2月　株式譲渡契約締結》

DD実施事項

　大企業によるDDであるため、一般的な中小企業同士のDDよりも詳細な調査が行われた。

　調査項目は、財務DD、税務DD、法務DD、簡易的なビジネスDDであり、公認会計士・税理士と弁護士及びX社の事業部門から総勢10名で、5日間にわたってDDが行われた。

　その結果、事前の仲介会社の論点整理のとおり在庫に関する論点と、論点整理では出なかった金型の計上方法が論点となった。

①在庫について

　中小企業であるため、期末日一斉の棚卸はしておらず、循環棚卸と称した部分的な棚卸を実施していた。循環棚卸は、在庫保管エリアが厳密に区切られ、在庫リストもエリア別に整理され、当然入出庫データも正確でないといけないが、中小企業であるためそこまでの基幹システムは構築していない。

　国内に関しては、ある程度はシステム化されているため、循環棚卸自体は正確にされていることが確認でき、期末日の棚卸結果もほぼ正

確であろうという心証は得られた。問題は中国にあるとされている在庫である。在庫管理はすべて現地任せであり、日本親会社から棚卸に立ち会ったことは過去にはない。中国の在庫保管は、ほとんどが保税倉庫であるため、仕組み的に不正確であるわけはないという認識であった。

確かにそうとも言えるが、親会社の誰も実態は見たことがないというのは問題となり、急遽、現地に依頼し、データやサンプルで抽出した在庫の写真などを送ってもらい、簡易的ではあるが検証作業を実施した。その結果、サンプルテストでは問題は発生せず、大きな問題はないだろうとの結論に至った。

なお、後日談であるが、M＆A実施後の決算において正式に棚卸を実施したところ、帳簿金額以上の在庫があることが判明し、逆に含み益が発生することになった。結果としてその点に限っては買収金額が安かったことになる。

②金型の計上について

売手企業は、自社仕様金型の一部と、下請けへの外販金型の一部を自社で製造していた。さらにそれらの製造の過程で、試作金型も製造していた。

会計処理としては、すべて固定資産計上しており、さらに未使用・未販売金型は償却対象としていなかったことが判明した。意図的に粉飾決算をしていたわけではなく、単に税務上の損金に認められない可能性があるため、保守的に償却していなかっただけである。

しかしながら、会計基準上は、試作金型は資産計上ではなく一括費用計上、未販売（というか販売見込みがない）金型はある程度の期間経過後に全額評価損が必要である。

この点をDDで指摘され、本来あるべき会計処理で営業利益を再計算したところ、営業権の計算（営業利益×3年分）に数千万円レベルで影響してしまった。

買収価額の決め方

時価純資産＋営業権

・・・営業権は補正後の営業利益の３年分（法人税相当控除後）

買収条件

　売手社長は会長として３年残ってもらう。その際の役員報酬は、現状の半分とする。（実際には、３年経過後も残ってもらっている）

売手側のメリット

・買手企業の販路を使い、物流コストが大幅に削減できた。

・買手企業の為替管理を利用することができるため、為替問題で悩まなくてよくなった。さらに、買手企業のグループ借入金制度を利用することができるため、これらにより年間で 1,000 万円超の収益改善が見込まれる。

・従来、特注品は国内販売のみであったが、買手企業の販路を使えば、海外展開も十分に可能であることが判明し、今後のさらなる事業拡大が見込める。

・売手社長は会長として残り、資金面で悩むことなく、得意の製品開発に従事できている。

買手側のメリット

・売手企業がM＆Aを決断した大きな問題の一つである資金問題については、自社グループのリソースを使うことによって、逆に大きな収益改善要因とすることができた。

M＆Aのその後

①M＆Aの最後の株式譲渡契約を締結する前に、長女が結婚をすることになった。長女は別の道でしっかりと仕事をし、その仕事の縁で結婚も決めた。

②亡くなった長男の妻（義娘）には、子供（社長の孫）もおり、もし、M＆Aを決めていなければ、借入の個人保証をどうするか、株式の相続税をどうするかなどの問題も残ったままだったので、社長も肩の荷を下ろすことができた。

③長男に事業承継して一族経営を存続させるという夢は自分の代で潰

えたが、最悪の事態は回避することができた。従業員や顧客、そして使っていただいているユーザーの方のために、哀しみを乗り越えて、社長は会社の存続を決断し、M＆Aを実行することができた。

④M＆Aをしてから10年近く経っているが、社長は現会長として、今でも製品開発のトップとして活躍している。おそらく、読者の皆さんもその製品が入っているものを使っていると思うが、皆さんが普段何気なく使っている商品にもさまざまなドラマが背景にあることを感じてもらえれば幸いである。

〈編著者紹介〉

岡田　昌也（おかだ・まさや）

1996 年、慶應義塾大学法学部卒業。公認会計士。監査法人伊東会計事務所（中央青山監査法人と合併）等を経て、2019 年中部 FAS 株式会社を設立。その他に 2008 年から 10 年間、南山大学ビジネススクールにおいて准教授に就任。
主に会計指導業務、財務デューデリジェンス、株価算定業務、組織再編アドバイス業務にて活動する一方で、名古屋市立大学非常勤講師、南山大学非常勤講師、その他研修会等の講師も務める。

【主要著書・論文】
『M&A を活用した事業承継実務ガイドブック』（中央経済社）、『M&A ハンドブック』（中央経済社）、『反対株主による株式買取請求における公正な価格』（法学研究・慶應義塾大学法学研究会）等がある。

〈著者紹介〉

廣瀬　良太（ひろせ・りょうた）

1999 年、大阪大学経済学部卒業。税理士。税理士法人 TACT 高井法博会計事務所の代表社員。主に中小企業の税務を中心としながら、その中でも資産税、事業承継及び組織再編を専門としている。一方で、税務面以外では公会計業務にも注力し、地方自治体の会計制度整備や施設マネジメント業務などに尽力している。

＜執筆協力者紹介＞
株式会社日本 M&A センター
　　コンサルタント戦略営業部
　　　齋藤　秀一 ／ 小川　洋輝 ／ 岡崎　裕 ／ 古市　光 ／ 吉丸　康一

中小企業を守る切り札！　実践例でわかる

スモールM＆Aの進め方

令和 2 年10月30日　第 1 刷発行
令和 5 年 3 月30日　第 3 刷発行

編著者　岡田　昌也

著　者　廣瀬　良太

協　力　株式会社日本M＆Aセンター

発　行　株式会社ぎょうせい

〒136-8575　東京都江東区新木場1-18-11
URL：https://gyosei.jp

フリーコール　0120-953-431

ぎょうせい　お問い合わせ　検索　https://gyosei.jp/inquiry/

〈検印省略〉

印刷　ぎょうせいデジタル株式会社　　　　　　　　Ⓒ2020　Printed in Japan
※乱丁・落丁本はお取り替えいたします。
ISBN978-4-324-10898-7
(5108652-00-000)
〔略号：スモールM＆A〕